重新发现

CITY
BOOK
SERIES
NO. 1

景德镇

赵慧——主编

GUANGXI NORMAL UNIVERSITY PRESS
广西师范大学出版社
·桂林·

重新发现景德镇

CHONGXIN FAXIAN JINGDEZHEN

图书在版编目 (CIP) 数据

重新发现景德镇 / 赵慧主编 . -- 桂林 : 广西师范大学出版社 , 2024.3

ISBN 978-7-5598-6660-8

Ⅰ . ①重… Ⅱ . ①赵… Ⅲ . ①陶瓷工业—产业发展—概况—景德镇 Ⅳ . ① F426.71

中国国家版本馆 CIP 数据核字 (2023) 第 235802 号

广西师范大学出版社出版发行

广西桂林市五里店路 9 号　邮政编码：541004

网址：http://www.bbtpress.com

出 版 人：黄轩庄

责任编辑：张旖旎　张丽娉

装帧设计：尚燕平

全国新华书店经销

发行热线：010-64284815

北京盛通印刷股份有限公司印刷

北京市经济技术开发区经海三路 18 号　邮政编码：100023

开本：710mm × 1000mm　1/16

印张：19　图：471 幅　字数：160 千

2024 年 3 月第 1 版　2024 年 3 月第 1 次印刷

定价：79.00 元

TEAM·EDITORIAL & DESIGN

撰稿人 Correspondents
邢梦妮 Xing Mengni (Shanghai)
林洵 Lin Xun (Shanghai)
白若晶 Bai Ruojing (Shenzhen)
顾笑吟 Gu Xiaoyin (Shanghai)
杨楚佳 Yang Chujia (Shanghai)
唐慧 Tang Hui (Aachen)
唐昕怡 Tang Xinyi (Shanghai)
钟恩惠 Zhong Enhui (Shanghai)
曹中 Cao Zhong (Wuxi)
肖涵予 Xiao Hanyu (Shenzhen)
程绚 Cheng Xuan (Shanghai)
董思哲 Dong Sizhe (Shanghai)
邓依云 Deng Yiyun (Shanghai)
顾芃 Gu Peng (Shanghai)
王芷笛 Wang Zhidi (Hangzhou)
刘家怡 Liu Jiayi (Guangzhou)
陈君怡 Chen Junyi (Shanghai)
陈元 Chen Yuan (Shanghai)
徐煜萌 Xu Yumeng (New York)

摄影 Photographers
Fabian Ong (Singapore)
肖南 Xiao Nan (Shanghai)
潘凌 Pan Ling (Shanghai)

主编 Editor in Chief
赵慧 Zhao Hui

—

编辑 Editors
孟佳丽 Meng Jiali
肖文杰 Xiao Wenjie

—

视觉总监 Creative Director
戴喆骏 Dai Zhejun

—

设计总监 Design Director
徐春萌 Xu Chunmeng

—

新媒体设计总监
New Media Design Director
王方宏 Wang Fanghong

—

资深美术编辑 Senior Designer
景毅 Jing Yi

—

图片编辑 Photo Editor
王安娜 Wang Anna

—

插画 Illustrator
于瑒 Yu Yang

—

图片后期制作 Photo Art
李靓 Li Liang

—

品牌经理 Branding Manager
俞培娟 Yu Peijuan

—

品牌策划合作 Marketing Planning
董思哲 Dong Sizhe
邢梦妮 Xing Mengni

—

本书为《第一财经》杂志
“未来预想图”项目 城市系列·第一册
City Book Series No.1
Dream Labo Project of YiMagazine

加入撰稿人团队，
请联系：
dreams@cbnweek.com

为什么是景德镇？

这大概是我们做这套全新的“城市”系列时被问得最多的一个问题。

在过去的几年里，“未来预想图”这个内容品牌用商业分析生活方式，城市是我们极为关注的领域之一。因为团队创立于东京，所以很自然，东京成为我们重要的观察样本。此前的两个 mook 系列——“主题系列”与“品牌系列”都已经相继成形，是时候运用我们成熟的、曾经去分析东京等城市的方法论，去讨论我们喜爱的城市话题了。

这就有了未来预想图 mook 的新系列——“城市”系列的诞生。在这个系列里，我们每次会选择一个城市，派出采编团队去现场驻扎几周到一个月，与“土著们”“漂流者们”“拜访者们”等不同的人交流，观察它“为何成为今天的样貌”。至于城市本身，我们选择的标准包括：
——它要有自己“之所以发展成这样”的文化脉络。
——它的居民有对自己城市的自豪感，能够说出自己城市的与众不同之处。
——这座城市确实具备与众不同的“品牌印象”。

在建立这个标准之后，景德镇几乎是在一瞬间就成为我们迫切想了解的目标。它拥有太多让人好奇的特质了。

它精湛的制瓷工艺流传至今。直到今天，我们都能发现那些迷人的工艺品的历史渊源与印记。如果你仔细溯源，很容易找到自己喜爱的那些工艺与风格。我曾在景德镇的中国陶瓷博物馆看到人们品评不同年代的陶瓷制品，有人喜欢宋瓷，有人喜欢雍正时期的单色釉，他们还会在看到乾隆年间制品的时候“会心一笑”——这真是我们传统文化中特别有趣的地方，通过这些载体，文化变成了与现代生活有关联的事。

它还有吸引年轻人、艺术家、创意人士的特质：市集、艺术展以及支持制瓷艺术的整套辅助流程。各种新点子从各个角落生长起来，在初期，它以低廉的成本承载“做点事”的梦想，然后容纳年轻人的各种实践，野生而现代。

当然，矛盾之处也仍然存在。你会看见很多新与旧的强烈冲突，像是残破大楼里的新潮空间，或者传统街巷与现代建筑比肩而立。你也会在想买点纪念品的时候发现“景德镇制”这种制造归属感在景德镇渐渐消融：光是“景德镇制”就有 n 种不同形态，很少有人能说得清到底谁才有正宗的地域属性。

这些构成了我们挖掘这座城市的原始线索。这一次，**我们没有用往常的逻辑思路去一层层推进对一个城市的认知逻辑，而是从我们对景德镇由陌生到**

赵慧

“未来预想图”主编

text / 赵慧

熟知的过程中产生的 10 个关键词开始，再将我们对城市的理解归纳进去。**你可以选择自己感兴趣的一个关键词作为自己认知景德镇的起点，然后再扩散至其他领域。**

当然，我也准备了一些试图勾起你兴趣的“钩子”。**对城市里新与旧的碰撞感兴趣？那你一定要去雕塑瓷厂看看。**这是一个御窑厂年代与现代分散工作室形态的连接点，也是记录近代制瓷工业发展史、经济改革史的一个代表案例。在雕塑瓷厂园区，你会和各种神仙雕塑不期而遇。同时，厂房与其他建筑之间，既穿插有传统老店，也有新鲜的、颇有店主风格的新店。它们毫不相让，风格各异。再走几步，你可能会误入一些大门敞开的工坊，里面窝着几个专心制瓷的人，作品诞生的过程，就这样直观地突然被推至眼前。他们的创作环境可能都不像是一个 21 世纪的房间，每片窗玻璃都在讲述一个似乎比拜访者年纪还大的时光故事，这甚至让人涌出一种莫名其妙的正义感——要不要帮你跟房东谈判、改善一下创作环境？嗯，这背后可是有理由的。感兴趣的话，可以翻阅这本书“神仙团”关键词里和雕塑瓷厂有关的故事。

对手作市集有兴趣？那你可一定没法忽略“乐天市集”这块招牌。它也在雕塑瓷厂里。它当然不仅仅是一个普通的市集，它的价值，更多在于为艺术家建立了一个品牌化的平台，为一个店铺林立的园区提供更有吸引力的拜访目的地，为希望找到创作突破的创意人士提供了和产业端连接的桥梁。想到这些点子的是香港人郑祎，有趣的是，她的故事分散在我们这本书里，既与制瓷有关，也与商业有关，还与环保有关。你会看见她曾经的梦想、现在努力的方向以及她的事业与景德镇的各种交集。

我们也会**分析这个城市里各种与品牌价值有关的表现。**之前说到对“景德镇制”的疑惑，也贯穿于我们在景德镇采访时的各个问题清单。**这个城市为什么没有形成统一的品牌力？曾经有效的行业联盟为何消散？但为什么又有很多厉害的工艺能够流传至今？小品牌们在如何重新构建品牌竞争力？**这些答案可太有意思了。

很多时候，想判断一个城市是否具备可持续发展的动力与活力，迁入人口会是一个有参考性的指标。在这一点上，**不断涌入景德镇的“景漂”们不断在诠释这个城市的新魅力。为什么景德镇可以成为一个“移住”目的地？**这本书既讨论了三宝村的艺术家驻地渊源与新发展，也分析了新的“景漂”聚居地的成形过程。与之相连，景德镇陶瓷大学这么一所与城市发展形成密切合力的学校也就有了特殊意义。

当然，如果你将景德镇视为你的目的地，我们也为你的景德镇探访之旅准备了**吃喝玩乐拜访清单。**你会很容易在这本书的红色主题页面找到这条线索——它也许会成为你的另一条观察体验线索。我们也将延续此前在品牌书《蓝瓶物语》的方法论，为不那么了解瓷器的人，先在本书的一开始解释**和瓷器有关的基础知识。**

总之，我希望这本书成为一个多元视角的融合。本地人的故事，移住者的故事，拜访者的故事，相信他们会带你认识一个全新的景德镇。

我们确实偏爱景德镇。

CONTENTS

挖掘景德镇的10条线索
偏爱景德镇的10个理由

景德镇快问快答

蓝与红与白

矿泉水瓶

白围裙

报纸

景漂

辣

浮梁县

教授街

CONTENTS

市集

神仙团

为什么我们都爱景德镇?

text
/
唐昕怡
陈君怡
董思哲
顾芃

photo
/
潘凌
肖南

建立对于一座城市的理解，可以有多种方式，有人只是通过一次短暂的旅行，有人在这里旅居并工作，有人把生活重心迁移过来，将这里视作第二故乡，当然也有人在这里土生土长，目睹了城市几十年来的变化。我们试图通过14位与景德镇发生不同关联的人，从他们的视角为你打开理解景德镇的窗口。

ⓟ肖南

于婉莹

- 播客制作人
- 34岁
- 湖北人
- 2022年10月于景德镇旅行
- 最常去的地方：艺术在浮梁

Q：请用三个词形容景德镇。

热辣，热是天气，辣是食物；拧巴，它有非常丰富的物质和非物质文化遗产，你也能感受到它花了大功夫作建设、复原、展示，但在这个地方还是能感到一种想使劲但使不上来的拧巴感；年轻，这个地方的年轻人非常多，而且在市集摆摊的年轻人好像真的觉得这个事情是可以做下去，并以此谋生的。

Q：来景德镇必去/必吃的？

浮梁的大地艺术节，寒溪村的移民故事给我留下了非常深的印象；陶瓷博物馆，展出内容和动线设计都非常有特点。

Q：这座城市有没有在你意料之外的部分？

在很多城市看到过租一个临时店铺做大减价、特便宜特破的那种景德镇瓷器店，去之前我以为在当地会看到很多这种积压多年、审美比较落后的东西，结果完全不是。

© 肖南

Q：请用三个词形容景德镇。

自由，灵魂自由且不被约束，艺术可以野蛮生长；无限可能，所有的创业者在景德镇都有一百种方式可以生存下去；理想，这里是我实现理想生活的地方。

Q：景德镇的一天里，最放松的时刻？

也许是在工作室里安静地画画，不用烧窑，不用摆摊，听着音乐，面对着阳台。

Q：你觉得景德镇的优缺点分别有哪些？

优点在于慢节奏，对艺术创业者非常友好，能买到几乎所有的国内外陶瓷材料，而且房租便宜。缺点就是城市交通混乱，没有大型的商超、医院等基础设施。

Q：景德镇的城市气质和其他城市的明显差别是什么？

有一种艺术与市井的交错感。不像大理或万宁那种纯粹浪漫、自由的城市，景德镇不光有年轻的艺术家群体，还有昌河、昌飞等比较大的工业区，里面有许多20世纪从东三省南迁的工人及其后代，以及很多世代在做传统陶瓷的手艺人。

Q：大学毕业后，你还会留在景德镇吗？

我一定会留在景德镇，这里绝对比任何城市都适合艺术生创业与创作。

黄颖怡

- 景德镇陶瓷大学学生
- 22 岁
- 广西人
- 2019 年成为景德镇居民
- 最常去的地方：陶溪川

刘捷

不空山茶馆创始人

38 岁

河南人

2005 年成为景德镇居民

最常去的地方：北安村仙人桥瀑布

© 潘凌

Q：说出三个景德镇一定要去的地方。

每周一早上的鬼市，可以淘一些古玩；樊家井的仿古街，景德镇陶瓷的赝品大多来自那儿；陶溪川，不去陶溪川等于没来过景德镇。

Q：你观察到景德镇的人们最近几年都爱好什么？

钓鱼，就是“路亚”（源于英文 lure），大家在车里放一根鱼竿，到哪了甩两竿。还流行喝威士忌、抽雪茄和烟斗，就是这种舶来物，显得特时髦。

Q：这座城市有没有在你意料之外的部分？

景德镇人口不多，但圈子很碎，大家有各种各样聚集的小圈子，甚至有我待了近 20 年都不知道的圈子。

Q：景德镇的城市气质和其他城市的明显差别是什么？

大家在景德镇都能找到属于自己的节奏，而且是可控的。我是一个喜欢快节奏的人，但在这里，我不会觉得自己处于被动的状态，同样能随时停下来去喘息。

1/ⓟ 肖南

2/ⓟ 肖南

3/ⓟ 蔡志俊

4/ⓟ 潘凌

1. 姜东炫夫妇

姜东炫，“STUDIO 樂”陶瓷工作室主理人

金炫珠，KIM HYUNJU 陶瓷工作室主理人

姜东炫，40 岁；金炫珠，37 岁

韩国人

分别于 2013 年和 2018 年成为景德镇居民

“刚来这里时，好多艺术家的陶瓷风格是仿古和传统，而现在风格越来越现代和年轻化。这里是一个既可以实现梦想，也可以过慢生活的地方。”

2. Snow

窑烤披萨 9494 店主

28 岁

四川人

2018 年成为景德镇居民

“这座城市鼓励大家做自己想做的事情，只要不违法。甚至会有很多人因为你做的事，开始追随你，欣赏你，向别人推荐你。”

3. 蔡青山

策展人、独立摄影师

40 岁

上海人

2020 年成为景德镇居民

“我去过其他制瓷城市，外来的手作者很难融入他们的圈子，不像景德镇愿意接纳天南海北来的人；这里可以帮你实现梦想，没有过多的条条框框。”

4. 刘恋

景德镇陶侃剧场创始人

40 岁

北京人

2020 年成为景德镇居民

“在景德镇很容易交朋友，这是个开放的城市，也是它的传统。这里的人文气息比较浓，更加生活化，也更接地气。”

Q：请用三个词形容景德镇。

瓷器，这是景德镇的代表；茶叶，几乎每家每户都喝茶，而且景德镇也盛产茶叶；淳朴，这是景德镇人最大的特点，很多手艺人一心都放在瓷器的研究上。

Q：来景德镇必去/必吃的？

陶瓷博物馆、古窑，还有煎饼铺子和冯氏煎饼。

Q：有什么是外地人喜欢但本地人觉得一般的地方？

陶溪川。对于现在的景德镇来说它变成了一个地标，但我觉得那里很浮躁，摊子上每个人都在直播，也没能让我有购买欲。

Q：推荐一个外地人不太知道但你很喜欢的地方。

市中心的国贸陶瓷广场，我认为这里才可以买到景德镇本地的陶瓷，如果你仔细淘一淘，和店主聊聊天、喝喝茶，就能感受到真正的景德镇。

Q：你觉得外地人对景德镇最大的误解是什么？

景德镇成为一个网红城市是我没有想到的，大家在这打卡、拍照然后发布在网络上，会让没来过的外地人把这里当作艺术乌托邦，但来了之后又发现很落后，这是宣传和实际认知的偏差所导致的。

Q：现在的景德镇和以前有什么不一样？

小时候的景德镇就是典型的小镇，充满烟火气，人们的节奏更慢，压力更小，没什么夜生活。今年我回到景德镇，发现它变得非常现代化，但同时会觉得原来那种古朴的气息也在逐渐消失。

© Fabian Ong

梦媛

- 建筑设计事务所土木工程师
- 29岁
- 景德镇人，现居新加坡
- 最常去的地方：古窑

Q：请用三个词形容景德镇。

景德镇是五线的城市、一线的包容度，在这里你穿汉服、JK 制服上街都可以，没有人会说。同时，这里也是个很拖延的城市，一件事得有四五个人拖你后腿。

Q：来景德镇必去/必吃的？

毛仔小吃店，便宜大碗，可以用最少的钱把景德镇特色小吃吃个遍。

Q：推荐一个外地人不太知道但你很喜欢的地方。

御窑厂周边的莲花塘。据说苏东坡的好友佛印曾经住在那里，人不多，夏天走走很舒服，去御窑厂的时候可以顺便去那玩一下。

Q：你觉得外地人对景德镇最大的误解是什么？

觉得景德镇是个镇。我大学去了河北学编导，费了好大劲跟我的同学解释，景德镇是江西的一个地级市！

摄 潘凌

陈雅婷

- 天翼蛋糕店主理人
- 25 岁
- 景德镇人，现居景德镇
- 最常去的地方：陶阳里

Q：请用三个词形容景德镇。

自由，我们这很多人努力赚钱，赚完钱就去玩，玩完了又回来赚钱；安逸，骑上电瓶车就能跑完大多数地方的城市；匠心，手艺人一辈子专心做好一件事。

Q：推荐一个外地人不太知道但你很喜欢的地方。

欣雅饭店。口味偏辛辣，鸡尖、水煮鱼都挺好吃。没有上外卖平台，手机上也不一定能搜到，就在景德镇二中附近，要提前预约。

Q：你觉得外地人对景德镇最大的误解是什么？

家家户户都是卖瓷器的，家里有瓷业继承。

Q：现在的景德镇和以前有什么不一样？

我们从小就被教育要好好读书，如果不努力读书就要去卖瓷器。但近几年，景德镇发生了很大的变化，特别是旅游业，像搭建了一座桥梁一样，与外界相通了。

© 肖南

王晓敏

No Sleep Cafe 店主

29 岁

景德镇人，现居景德镇

最常去的地方：雕塑瓷厂

1. 欧阳敏

- 比玉堂瓷文化传播有限公司艺术总监
- 44 岁
- 景德镇人，现居景德镇
- 最常去的地方：三宝、名坊园

“樊家井和老厂，那边聚集了一些手工作坊，目前还没有变得商业化。不招待朋友的话，我会开车去安静、人少的农村，比如浮梁周边的北安村。”

2. 吴乐

- 包车司机
- 30 岁
- 景德镇人，现居景德镇
- 最常去的地方：三宝博物馆前面的草坪

“好‘恰’（吃），景德镇的美食有独特的烟火气；好玩，有御窑厂、三宝村、雕塑瓷厂……都与陶瓷有很深的关联；安逸，有睡到自然醒的松弛。”

3. 方力德

- 瓷器店店主
- 40 岁
- 景德镇人，现居景德镇
- 最常去的地方：老厂、雕塑瓷厂、湘湖

“外地人觉得景德镇人说话特大声，又很凶。但我们的老一辈在瓷厂工作，只有大声说话才能盖过机器运转的声音。我想说话方式就是这样一代代传下来的。”

4. 小喜

- X-X 陶瓷艺术工作室创始人
- 32 岁
- 景德镇人，现居景德镇
- 最常去的地方：西安村、玉田水库

“包容，不论你从哪里来，景德镇人都很热情；温暖，无论你去哪个工作室，都会热心地给你传授做陶瓷的经验；内秀，初来时会觉得脏、乱、差，待久了会发现可以逛的地方有很多。”

1/ⓟ 肖南

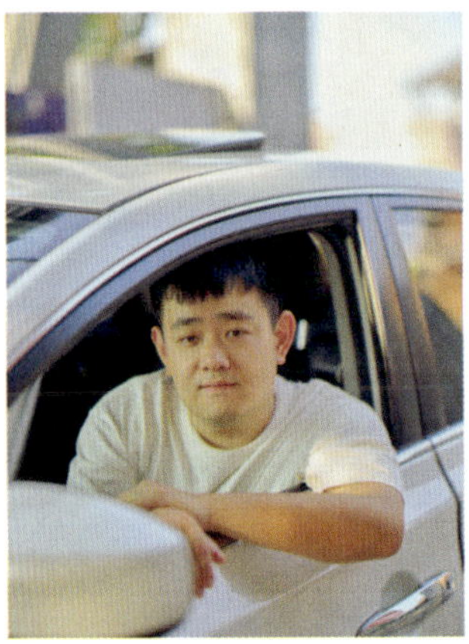

2/ⓟ 肖南

3/ⓟ 肖南

4/ⓟ 潘凌

十个视角，认识景德镇，理解景德镇。

蓝与红与白

青花、窑砖、白坯，蓝红白三色构成了“千年瓷都”景德镇。

从零开始的瓷器常识

景德镇何以成为『千年瓷都』？这些入门级瓷器常识或许可以成为你理解这座城市的一把钥匙。

Ⓟ 肖南

陶与瓷

text / 白若晶

photo / 肖南 景德镇中国陶瓷博物馆 美国大都会艺术博物馆 台北故宫博物院

现代语境下，我们常把陶与瓷混在一起用，尽管它们本质上都是火与土的产物，但陶器和瓷器是两个截然不同的概念。

陶与瓷的区别主要体现在原料、烧成温度及施釉上

	1 陶器	2 瓷器
原料	黏土	含有石英等矿物质的瓷土
烧制温度	700℃—1000℃	1200℃—1400℃
施釉	不施釉或施低温釉	施高温釉

陶瓷是陶与瓷的统称，虽然常常被放在一块使用，实际上陶器和瓷器是两个截然不同的品类。

中国是世界上最早制陶的国家。距今约两万年前，石器时代的先民就已在烧造和使用陶器，瓷器则是在制陶工艺的发展中衍生出来的新品类。原始瓷器出现在距今 3000 多年前的夏商时期，经西周、春秋、战国、秦和西汉时期的发展，到东汉时期大规模烧造出真正意义上的成熟瓷器。

然而，从古至今，陶与瓷常被混用。比如在《景德镇陶录》中，明明记载的是与瓷相关的历史，却用"陶"来代称，这种表达延续至今。人们时常挂在嘴边的"陶瓷"有时指的只是"瓷"本身，尤其是在以"千年瓷都"闻名的景德镇。

景德镇之所以能成为"瓷都"，是有其得天独厚的自然地理条件的。这里拥有丰富的瓷用原料——优质瓷石和高岭土，两者混合后可以形成硬度和纯度都更高的制瓷原料。从地理位置上看，景德镇地处昌江中游，借鄱阳湖水系可通广州，水运网络贯通海内外。当地的马尾松富含松脂，燃烧温度高、火焰长，是绝佳的烧窑燃料。

这一系列的先天条件赋予了景德镇成为"瓷都"的可能性，使原本务农的乡民得以借助"水土宜陶"的优势向陶瓷业转型。

快速了解中国陶瓷史

新石器时代
出现了表面粗糙、质地疏松的陶器。制陶技艺的发展是新石器时代文明的一大象征。

商代—春秋时期
出现了"原始瓷"：给陶器施釉，再经烧成，但还达不到真正意义上的瓷器标准。

东汉时期
出现了中国迄今发现的最古老的窑址，在一定程度上烧造出了今天意义上的瓷器：加工精细，胎质坚硬。

唐代
制瓷史的第一个高峰，瓷器不仅进入了民众的日常生活，而且成为出口海外的商品。唐代盛产青瓷、白瓷、花瓷等。

宋辽西夏金时期
中国制瓷史上的黄金时代，烧造出大量青瓷和白瓷珍品。名窑迭出，诞生了汝窑、官窑、哥窑、定窑等窑系。

元代
瓷石与高岭土结合的"二元配方"奠定了景德镇瓷业的重要地位。景德镇窑先后创烧出青花瓷、釉里红等品种。

明清时期
彩瓷的天下，从单色釉到多色釉，从釉下彩到釉上彩，并逐步发展成釉下彩与釉上彩结合的彩瓷品种。

在景德镇 你需要知道的 四大瓷器种类

明青花甪端香炉 ©台北故宫博物院

青花瓷

青花瓷是一种釉下彩瓷器。景德镇窑的青花瓷最具代表性。用含钴的颜料（即“青花料”）在坯体上绘制图案，再上透明釉，烧制后图案呈青蓝色，故名“青花”。不同产地的青花料有不同的呈色效果。

元青花缠枝牡丹纹梅瓶 ©景德镇中国陶瓷博物馆

清乾隆粉彩蟠桃纹天球瓶 ©台北故宫博物院

清乾隆黄地粉彩福寿活环双耳瓶 ©台北故宫博物院

粉彩瓷

粉彩瓷是景德镇窑于清康熙年间开始烧制的一种釉上彩瓷器，初名“洋彩”。制作方式是在没有装饰的素坯上施透明釉，高温（1200℃ —1400℃）烧好后，在瓷坯上勾勒图案轮廓。填色前，须先上一层“玻璃白”，再在“玻璃白”上用彩料填色，最后二次入窑低温（700℃ —900℃）烧成。

明嘉靖青花玲珑鱼藻纹碗

ⓟ美国大都会艺术博物馆

玲珑瓷

明永乐年间，景德镇窑开始烧制玲珑瓷。在坯体上雕刻花纹，镂空的孔洞上施玻璃釉，再将坯体整体上一次釉，入窑烧成后，镂空的孔洞变成半透明的亮孔，呈现晶莹剔透的质感。玲珑瓷常与其他工艺结合，例如，与青花瓷结合成“青花玲珑瓷”。

清康熙郎窑红釉观音瓶

ⓟ美国大都会艺术博物馆

明宣德浇黄釉盘

ⓟ台北故宫博物院

颜色釉瓷

颜色釉瓷同样也是景德镇传统名瓷之一。明清景德镇窑能烧造约几十个品种的颜色釉瓷，由于釉料所含金属氧化物的成分和比例不同，因此烧制后会呈现不同的色彩。例如，青釉的呈色主要来源于釉料中的铁氧化物，而红釉则来自氧化铜。

text
/
白若晶

illustration
/
于瑒

一件瓷器如何从无到有?

烧造一个瓷器，需要几步？这个问题其实没有标准答案，不同瓷器由于制作工艺不同，生产流程也会略有差异。明代科学家宋应星在《天工开物》卷七"陶埏"中，将明代制瓷流程分为72道工序。可以想象，从石到泥，从泥到瓷，每一次物质形态变化的背后都有繁复的步骤。我们不打算在这里将72道工序一一展开，而是选取几个重要环节，带你了解一件瓷器从何而来。

1

练泥

制瓷前先要准备瓷泥。将从矿山开采的瓷石磨成粉、淘洗、去除杂质，用水调和后制成泥块，之后反复搓揉、踩踏，将泥团中的空气挤压出来，使泥中水分均匀，最终形成可用于制坯的泥砖。其中，淘泥是为了去除瓷泥中的杂质（尤其是铁质），铁含量过高会影响瓷器的纯度。

2

做坯

再次将瓷泥揉匀，排出气泡，使瓷泥的干湿软硬易于成型，之后拉坯塑形。拉坯时不光要注意瓷泥的收缩率，较大制品还需分段拉坯后粘接成型。拉坯后还需要经过印坯和利坯，来进一步调整造型。刚刚塑好的坯是软的，可雕刻，待自然阴干后才可以在上面施釉。

3

施釉

釉是附在坯体表面的玻璃质涂层，既有透明釉，也有烧制后呈现各种色彩的颜色釉。施釉就是将釉料均匀附着在坯体上的过程。对釉层的把控很考验手艺，施釉过薄，釉面在烧制时容易开裂。

彩绘瓷分为釉上彩瓷和釉下彩瓷。釉下彩瓷（如青花和釉里红）是在成型的泥坯上先描绘纹饰再施釉，而釉上彩瓷（如粉彩和纯釉上五彩）则是在已经烧成的瓷器釉面上用彩料描绘纹饰。斗彩和青花五彩等工艺则是结合了釉下彩与釉上彩。

4

烧成

完成装饰后，瓷坯装入匣钵，经1200℃以上的高温烧成。烧成的关键是要动态调节窑内的温度和氧气含量，使釉和彩呈现不同色泽。窑内的温度分布并不均匀，因此如何在窑中摆放坯体也颇有讲究。

5

开窑

开窑是所有制瓷工匠最期待的时刻。如果把握不好窑门的开启速度和幅度，窑内的瓷器会面临开裂的风险。比如，在窑内温度很高时猛然打开窑门，冷空气就会瞬间涌入窑内，导致釉面开裂，形成冰面开裂般的碎纹，被称为"冰裂纹"。这种纹路因其自然天成和独一无二的特质而受人追捧。

景德镇的窑

text / 刘家怡

illustration / 于瑒

清代督陶官唐英曾说：“瓷器之成，窑火是赖。”瓷器好不好，就靠一把火。各色窑炉形状结构不一，形成了不同窑火和窑内气流，是陶瓷生产的母体。

景德镇陶瓷窑炉历经了千余年的演变，从唐宋时期的龙窑，到元代的马蹄窑，从元末明初的葫芦窑，到明代后期的蛋形窑，一次又一次窑炉变革升级的背后，是烧造技术的进步。到了 20 世纪 60 年代，景德镇开始试制煤烧圆窑，以煤代柴，成就了景德镇窑炉史上的又一次技术革新。之后，随着煤气、电力等清洁能源的普及，气窑和电窑如今在景德镇当地被广泛使用。

从景德镇典型窑炉的设计演变中，我们可以看到，在过去千余年的历史长河里，一代代工匠如何在传承中创新和精进。

龙窑

始于商代，盛行于唐宋

龙窑依坡而建，与地平线呈 10 度到 20 度夹角，形状像是一条长长的隧道，前低后高，像一条火龙自上而下，故取名“龙窑”。早期的龙窑长度通常为十米到二十几米。宋代则长达五六十米，部分地区的龙窑甚至长达八十米。龙窑的优点是体积大，装载量多，因建在斜坡上，所以火焰抽力大，升温快，但缺点是因为龙窑身长体大，温度不易控制，所以到了宋元时期，龙窑被分成若干个小室，成为“分室龙窑”。

马蹄窑

始于西周晚期，盛行于元代

马蹄窑方中带圆，下部较大，上部较小，炉形与马蹄蹄甲相似。窑左右两壁呈外弧或略外弧，后壁齐直，一般后部左右各设一个平面呈方形或半圆形的烟囱，后壁下部左右设排烟孔，与烟囱相通。与龙窑相比，马蹄窑的体积较小，建造技术相对简单，成本低。每次烧制的瓷器数量较少，有利于产品更新换代，灵活适应市场需求。

葫芦窑

始于元代，盛行于明代

葫芦窑是由龙窑演变而来的窑形，分前后两个椭圆形窑室，前室高，后室低，且前宽后窄，前短后长，腰部内折。因整体形状像卧地的葫芦，故取名“葫芦窑”。葫芦窑中部内折，尾部不设排烟孔，而是将排烟孔设在后壁，并有独立的烟囱，窑顶还设有十二个“圆眼”为观火孔。与龙窑和马蹄窑相比，葫芦窑可以同时烧制不同种类的瓷器，较为灵活。

蛋形窑

始于明末，盛兴至民国时期

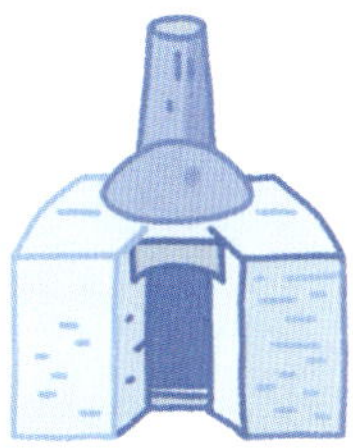

蛋形窑是由葫芦窑演变而来的，前部高而宽，后渐低、窄，整体略呈扁长圆形，平面似蛋形。窑身全长 15 米到 20 米，最高、最宽处长度约 5 米。烟囱贴后壁而立。蛋形窑内的温度随窑炉形状递次变化，一窑内几乎可烧制所有品种的瓷器，对清代景德镇瓷器手工业的发展起到了重要作用。

煤烧圆窑

二十世纪六十年代初定型投产

煤烧圆窑俗称“包子窑”，窑室内的气流走向是从上往下的，因而名为“倒焰窑”。其优点是窑的容积可根据产量改变，烧成温度也可随被烧制品的工艺要求改变，生产灵活性较强。煤烧圆窑以煤代柴，对于景德镇烧瓷技术的发展有关键作用。与烧柴相比，烧煤提高了窑炉的烧成温度，为提升瓷器品质提供了技术支持。

气窑

现代景德镇的主流窑炉

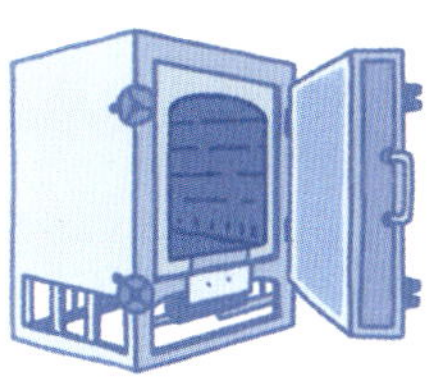

气窑属于现代工艺，其原理是通过燃烧天然气释放热能，并利用风门和烟囱抽动热空气以加热瓷器。它的优点是可以准确控制烧成曲线，达到使胎体、釉面充分玻化的温度。相比柴窑而言，气窑更节省人工和原料，同时降低了残次品率，提升了生产效率。

电窑

适用于小型作坊

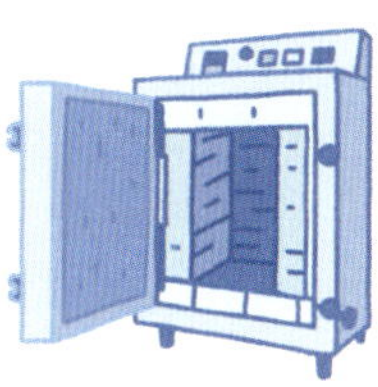

电窑通过电热元件把电能转化为烧制陶瓷的热能。由于电窑无需燃料，因此不用考虑供给空气、通风等问题，多用于氧化烧法。这种烧法主要用来素烧坯胎和烘烤陶瓷釉上彩，不适用于烧制青釉等传统高温陶瓷。相比其他窑炉，电窑结构简单，占地面积小，加热效率高，常在小型家庭作坊中使用。

看懂瓷器，从这几种器形开始

text
/
刘家怡

illustration
/
于瑒

说到瓷器的器形，你能想到几种？壶、碗、碟、盘、杯……这些都是我们日常生活中比较常见的器形，但在古代，瓷器的使用涉及生活的方方面面，各种器形的延展也就层出不穷了。

为了方便分类，一直以来，景德镇的手工陶瓷工匠会将器形大体分为两种，圆器和琢器。

圆器指能直接拉坯成型的瓷器，一般为圆形、平面造型，如碗、盘、碟、盅等，这几个大致类别中又可细分出上百个种类。

琢器则是指那些不能一次拉坯成型的瓷器，多为大件器物和具有立体造型的异形器物，也有部分圆形造型，如瓶、壶、罐、缸等。民国初期，随着制瓷业的发展，汤勺、灯盏等原本既不属于圆器，也不属于琢器的品类，也被划分到琢器序列。

圆器多为日用瓷，琢器不仅包含日用瓷，还包括陈设用瓷，更强调精雕细琢。因此在生产工艺上，琢器的工序也相对复杂。异形坯体或异形配件如把手、盖子、底座等通常需要单独制作。部分大件琢器通过旋转拉坯成型的难度较高，往往需要多次拉坯后，通过堆叠的方式才能成型。由于圆器与琢器的产品有别，因此两者的坯房布局、工种称谓、生产工艺、行规习俗等均有差异。

我们当然无法在这里为你展开所有瓷器的器形，就暂以碗、盘、瓶、罐、壶、尊、杯这七大最常见的器形类别为代表，挑选出其中较为经典的器形，体会不同时代背景下瓷器匠人的奇思妙想。

瓶

梅瓶

—

诞生于唐代，盛行于宋代，多用于盛酒，常见于宋代民间酒铺。

碗

高足碗

上为碗形，下承高足。在元明清三代较为流行，品种有青花、斗彩等。

宫碗

多为皇宫所用，明正德时期烧制的宫碗最有名，因此又叫"正德碗"。

斗笠碗

广口，倒置时像个斗笠，是五代、宋朝以来的流行碗式之一。

折腰碗

始见于唐，盛行于元代中期。部分碗壁内印有"枢府"二字，又称"枢府碗"。

盘

葵口盘

盘呈葵花式，多为五瓣花型或六瓣花型，始见于唐代。

海棠式盘

盘呈海棠式，敞口，浅腹，辽代典型盘式之一，多以三彩印花装饰。

高足盘

始见于隋代，多为青瓷制品，清代中后期盛行，品种多以青花、粉彩为主。

攒盘

由一定数量、各种式样的小盘，拼攒成一个多格的大盘。始见于明，流行于清。

蒜头瓶

始烧于宋代，流行于明清，品种有青花、五彩、粉彩等。

胆式瓶

自宋代起流行，备受达官显贵和文人的欢迎，多用于焚香、插花等。

抱月瓶

瓶圆若满月，又称"宝月瓶"。在明永乐至宣德年间、清乾隆时期频繁烧制。

观音瓶

清康熙至乾隆年间流行的瓶式之一，品种多为五彩、青花等。

罐

天字盖罐

器身绘以山水或动植物纹饰，属于成化斗彩中最著名的瓷器品种。

日月罐

弧形圆盖如太阳，腹侧贴双耳若月牙，象征日月。流行于清康熙至乾隆年间。

将军罐

顶盖形似将军盔帽。始见于明，盛行于清康熙年间。常见品种为青花、五彩等。

荷叶盖罐

盖作荷叶形，起伏平缓，多见于元代龙泉窑。明宣德时，盖沿起伏较大，盖纽隆起。

鸡头壶

鸡头贴肩部一侧，有时作装饰，有时作壶嘴，是魏晋至唐初民间流行的饮器。

执壶

短颈、鼓腹，肩部一侧附把手。唐宋时多用于盛酒，常见于唐宋绘画。

提梁壶

鼓腹，平底，有盖，肩部两端连以半月形提梁。始于北宋，流行于明清。

背壶

流行于宋、辽、金、元、明、清各代，白釉、黄釉制品等较为常见。

壶

尊

出戟尊

仿古铜器造型，宋明期间多有烧造，紫釉、白釉制品较为常见。

凤尾尊

由元明时期的花觚演进而来，品种有青花、五彩、三彩和描金等。

太白尊

因形似诗仙李白的酒坛，故名。又因形似圈鸡用的罩子，亦名“鸡罩尊”。

贯耳尊

撇口，颈内收，鼓腹，承高圈足，两侧附对称贯耳。流行于宋代，多为青釉。

压手杯

明永乐时期的压手杯最为典型，明清两代的史书对压手杯多有记载。

高足杯

上为杯形，下承高足。元代逐渐流行，饰以动植物、文字符号等纹样。

钟形杯

明成化、嘉靖时期有白釉、斗彩等品种，清康熙、雍正时多为青花、五彩等。

鸡心杯

因杯心下凹呈深圆涡状，底心凸起呈鸡心形，故名。始于明代。

杯

被误解的青花瓷

在人们的固有印象中，青花瓷都是蓝白两色、纹样繁复。其实不然，青花瓷有很多门道，不管是在呈色、纹样，还是烧制工艺等方面，都不是一成不变的。理解青花瓷的美，就要从打破这些固有观念开始。

1 不只有一种蓝

“青花”之“青”来源于绘图颜料（或称“青花料”）所含的金属元素钴。青花料中氧化钴的占比、青花的烧制温度等因素都会影响青花的发色，因此我们常常能看到不同青花瓷上呈现出不同的蓝。比如元代青花瓷常用的青花料含铁量高，因此烧成后的青花色泽浓艳，有铁锈般的痕迹。明代嘉靖、隆庆、万历年间，常把进口回青与江西产的石子青混搭使用。当回青比例高时，青花发色浓艳红紫，当石子青比例高时，则发色偏灰蓝。

1 2

明洪武青花缠枝牡丹纹大碗 1/ⓟ台北故宫博物院

明永乐青花一把莲纹盘 2/ⓟ台北故宫博物院

3 4

明宣德景德镇窑青花龙纹瓶 3/ⓟ美国大都会艺术博物馆

清雍正青花夔龙纹茶叶罐 4/ⓟ台北故宫博物院

2 虽然都是龙，各有不同

青花纹样常以龙纹、植物纹、人物故事纹等样式出现，但即便是同一种类的纹样也有很多门道。以象征皇权的龙纹为例，元青花上的龙常画三或四爪，明青花则大量使用皇帝专用的五爪龙纹。“秃尾龙”专属于清代，清政权兴于东北，而秃尾龙在民间传说中是住在黑龙江里的黑色神龙，因此被视为“龙兴之地”的象征，多见于清代初期的青花瓷。

text
/
白若晶

photo
/
美国大都会艺术博物馆
台北故宫博物院

3

青花，又不只是青花

青花瓷是一种釉下彩瓷，有时它会和其他工艺结合，衍生出诸如青花五彩、青花玲珑、青花粉彩等多种形式的新品种。明宣德年间，景德镇窑将青花与釉上五彩结合，创烧了以红、黄、绿、紫和青花五种颜色为主的“青花五彩”。绘制青花五彩时，须用青花料先将青花部分填好，上釉、入窑烧成后，再将其他彩料像填空一般在釉面上绘制。青花瓷也常与玲珑瓷工艺结合，其主要色调仍是青花，只不过融入了玲珑瓷的雕刻工艺。

5

6

明嘉靖青花五彩花卉纹瓶 5/ⓟ台北故宫博物院

明嘉靖景德镇窑青花玲珑鱼藻纹碗 6/ⓟ美国大都会艺术博物馆

4

白地蓝花就一定是青花？

在我们固有的印象里，青花瓷大多是白地蓝花，其实不然，白地蓝花也可能是清代流行的珐琅彩瓷，图中雍正朝烧造的青山水碗就是一个例子。进一步了解后会发现，青花瓷除了白地蓝花，还有多种表现形式，比如蓝地白花或黄地蓝花。蓝地白花简单来说就是以蓝为底，以白为花。青花料不再作为绘画纹饰的用料，而是用来填满纹饰之外的部分，因此视觉上显得更厚重和饱满。

（青年陶艺家沈愚对本文亦有贡献）

7

8

清雍正珐琅彩瓷青山水碗 7/ⓟ台北故宫博物院

明宣德蓝地白花折枝石榴花果纹盘 8/ⓟ台北故宫博物院

《从零开始的瓷器常识》审稿专家

吕成龙

故宫博物院研究馆员、故宫研究院陶瓷研究所所长、中国古陶瓷学会副会长、景德镇陶瓷大学艺术文博学院兼职硕士研究生导师，出版《中国古代颜色釉瓷器》《中国古陶瓷款识》等专著。

如今，走在以御窑厂为核心改造的陶阳里历史街区里，依然能感受到古代窑作群存在的痕迹。贯穿其中的小路以青石板为主道，两边铺以窑砖，这种旧时便于人力独轮车推行的铺设方式延续至今。

text
/
唐慧

photo
/
Fabian Ong
潘凌

御窑厂，
理解景德镇的起点

© Fabian Ong

景德镇，这个名字第一次为世人所知，归功于宋真宗—— 景德元年（1004），他将年号“景德”赐予这座小镇。如果说景德镇是中国乃至世界瓷业的中心，那么御窑厂毫无疑问是这座千年瓷都的心脏。它自身的命运深深嵌入景德镇的历史之中，与这座城市休戚与共。

御窑厂遗址位于景德镇市珠山区核心地段，也在老城区最重要的两条街——前街（今中山路）与后街（今中华路）之间。它的位置从明洪武二年（1369）于珠山山麓初设御器厂时，一直沿袭至今。

12 世纪，景德镇已是联结饶州、徽州以及南宋都城杭州的重要交通节点，商业已有相当规模。瓷器生产与贸易带来的税收占当时饶州府的三分之一。

当时，烧制瓷器高度依赖瓷石质量，为了便于原料开采和输运，窑址多集中于现老城东南方向的南河上游流域。高品质原料开采殆尽之后，瓷窑便会整体性迁移，临近的村落也会停止烧造，重新转回农业社会。在宋代数百年的时间跨度中，瓷业聚落一直没有突破这种“游牧迁移”的状态。

直到元代，人们在景德镇发现了高岭土，并把它与瓷石融合成二元配方*，之后瓷业才摆脱了对单一瓷石的依赖。这是陶瓷史上一项重要的技术突破，直到今天，优质的泥料配方依然是现代陶瓷企业的核心竞争力之一。它不仅大大提升了瓷器的硬度和白度，而且为后续烧制大件瓷器和高温釉彩奠定了基础。

除了技术突破，元代对瓷业的重视也让景德镇瓷业得到了进一步的发展。

*二元配方：瓷胎中的氧化铝决定着瓷胎的坚硬程度。单一瓷石的氧化铝占比约为 15% 到 18%，容易造成瓷胎变形，加入高岭土之后，胎中氧化铝含量增高，提高了瓷器的强度和瓷胎质量，是制瓷领域的重要创造。

1—4 走进龙珠阁，可以看到展厅中间陈列的御窑厂全景微雕景观，以《景德镇陶录》中的《御窑厂图》为依据，采用陶瓷材料高温烧成。1300 多个陶瓷部件呈现了清代御窑厂内的结构设计，既包括衙署、景德司署、庙宇等建筑，也有大批作坊、窑房和窑炉，再现了御窑厂繁荣的生产景象。

至元十五年（1278），元世祖忽必烈在景德镇设立了浮梁瓷局，这是历史上首个由官方设立的瓷业管理机构。朝廷为了强征各类工匠服徭役，将他们编入“匠籍”统一管理。通过严格规定窑的选址、规格和课税，逐渐分成官、民窑业。虽然其署衙确切位置未有考古学定论，但中心窑厂即在珠山附近。

广袤的元帝国使得商业与贸易繁荣，带来了大量海外订单。不同地区的原料、器形和纹样互相碰撞，在一方瓷器中延展出无限可能，成为文化交流的见证。这被称作瓷器史上的大分流，其标志性事件就是元青花的诞生。它够白、够硬、够蓝，意味着景德镇制造在泥料、胎型、釉色、纹样、烧造控制和生产规模等方面，比起过去所有瓷器，有了质的飞跃，并将同时期的其他窑口远远甩在身后。

这是一个技术创新带来产业发展、改写城市命运的典型案例。人才聚集的溢出效应，让景德镇的城市范围在宋代基础上迅速向南拓展，并逐渐将整个产业链条锚定在这座城市之中。

御窑厂，正是最核心的锚点。

明洪武二年（1369），朝廷在原浮梁瓷局的基础上设立御器厂，成为烧制宫廷用瓷的唯一官窑。自此之后，除景德镇之外，曾经名极一时的各大窑系都归寂于历史之中。御器厂在清康熙年间改称御窑厂，并一直沿用至清朝末年，是中国历史上烧造时间最长、规模最大、工艺最精湛的官办窑厂。

如今，人们漫步于景德镇街头，几乎不会感到地形的变化，珠山也只是一个高程数十米的土坡。但从流传下来的地名中可以推测，数百年前的景德镇，山体分明，坞、塘、岭散落其中，在大山大河之间有丰富的微地形。但珠山是最引人注目的风水宝地。据《浮梁县志》记载，“珠山，在景德之中独起一峰，高数十仞，绵亘数里，峰峦遥列，俯视四境”。它与周边的五龙山、马鞍山、旸府山、金鱼山和雷公山遥相呼应，形成“五龙抱珠”的空间意象。

御窑厂作为皇家象征，其建筑营造与风水堪舆密不可分。它以珠山为镇山，设置署衙，通过严密的规划，整合了区域内一系列重要的自然景观和人文景观。

1—4/Ⓟ潘凌

御窑厂头门与珠山最高点龙珠阁形成的纵轴线，与正南夹角约30度，是景德镇最重要的视觉廊道。它串联了御窑厂北偏西30度3.6千米的旸府山（景德镇祖宗山）和南偏东30度7.2千米的推车岗（景德镇周边最高峰），并与周边区域的山体、水体和重要村落形成了十字天心结构。码头，窑址，重要地标如关帝庙、观音阁、徽国文公祠等，都分布在以珠山-龙珠阁为核心的圆周放射线上。它们如罗盘一般，构成了景德镇城市空间的基本框架。

除了礼制空间的考量之外，从实用角度来说，珠山也依然是御窑厂的最佳位置。根据《珠山区志》的记载，景德镇极易受洪水灾害的威胁。自明代以来，发生大小水患20余次。珠山地势较高，在这里生产瓷器十分安全。此外，珠山离昌江不远，沿江的湖南码头、南门渡、黄家洲等码头均在一两公里范围内，不论是瓷器装船外运，还是原料卸货进厂都十分方便。人们在御窑厂东西两侧的前街与后街交易瓷器，窑工们又在这两条与昌江平行的街道之间建造住处和制瓷作坊。经年累月，御窑厂周围环绕了大量民窑，形成了极为密集、便于步行的巷弄网络，如鱼骨一般，联结了御窑厂、民窑作坊、生活民居、商业店铺、行业会馆和物流码头。在今董家坞、蔡家岭、刘家窑等处大量聚集，逐渐形成了完善的瓷器产业链。

景德镇以御窑厂为核心，市镇范围迅速拓展，演化成一座繁荣的工商业城市。

这种市镇空间形态无疑是明朝中后期资本主义萌芽的缩影。但空间背后，不可见的秩序也许发挥了更重要的作用。制度变迁让官窑与民窑之间的关系不断突破，瓷业形成了高度专业化的分工，为景德镇带来了近400年的繁荣。

明初，朱元璋设计了里甲制度，以便摊派赋役。这种经济社会模式，建立在百姓对皇权的绝对人身依附之上。匠籍者，延续了元朝的管理制度，隶属官府，世代相袭。在严苛

1 2
3 4

1—3 为了防止宫廷用瓷流入民间，被淘汰的瓷器会被就地打碎、集中掩埋，其中既包括因变形、开裂等技术原因造成的瑕疵品，也有不少上乘器作。景德镇御窑博物馆内的大部分器物都是由这些残损瓷片拼接修复而成的。

4 明万历二十七年（1599），御窑厂的工匠们正忙于烧制青花龙纹大缸，这在当时是一项极有挑战性的任务，每一次烧制都需要花费19天，稍有不慎，便会功亏一篑。当时的督陶官潘相对窑工极为严酷，龙缸久烧不成，“或受鞭捶，或苦饥羸”。一名叫童宾的窑工，因担心烧造不成受到惩罚，选择投火自尽，激起了窑工们的强烈愤怒与反抗。为了平息窑工的怒火，潘相在御窑厂内建祠纪念童宾。清朝督陶官唐英为了拉近官窑与民众之间的关系，将童宾奉为窑神，供奉在风火仙师祠。窑神成为官民共同的区域信仰认同。

细致的律法管理之下，匠人们只能日复一日轮班供役，满足宫廷需求和朝贡订单，丝毫不能越矩。

设立御窑厂，意味着朝廷以国家的名义，投入资金、技术和人才。御窑厂把控着优质原料，往往不计成本地研发和改良瓷器，更严禁御瓷流入民间。尽管工匠们无休止地奔波劳作，但瓷器事务繁多，数量惊人不说，每件瓷器也须“过手七十二道”，仅靠他们绝无可能完成贡瓷烧造任务。

据史料记载，仅采打烧造所需柴薪就至少动用三千，甚至上万里甲户。可以说，维持御窑厂的正常运转是明代景德镇及周边地区最沉重的徭役，整个浮梁县甚至饶州府的匠户、窑户和全体里甲民户都不同程度地参与其中。

御窑厂的徭役任务成为最核心的纽带，将周边地区百姓整合进统一社群中，逐渐让景德镇突破了自然村落的限制，形成了新的共同体和利益链。

明中后期，御窑厂烧造贡瓷数量与花费不断攀升，里甲制度的承受能力临近极限。统治层的层层盘剥，令工匠们的不满与日俱增，常常以消极怠工，甚至逃工的形式对抗压迫。御窑厂原本是劳动力体系中的核心，现在却越来越难以调动资源，在规定时间内完成烧制任务，因此其衰败已经是不可阻挡的

1 4
2
3

这是一个
技术创新
改写
城市命运的故事，
御窑厂，
正是最核心
的锚点。

历史潮流了。嘉靖四十一年（1562）朝廷不得不颁布“一律纳银代役”，通过这场徭役制度的“货币化改革”，才终于结束了工匠与官营御窑厂的人身依附关系。御窑厂的一切物料与人工，此后都得用白银支付。

理论上，御窑厂可以通过可观的报酬来聘请优秀工匠烧制瓷器。可是，以银代役的匠班银收上去容易，花出来却太难，工匠被强行摊派大量任务不说，还常常数年领不到工资。原本服务于官窑的工匠自然越来越多地将时间和精力投入到民窑生产之中，也逐渐将官窑的烧制技法、创新品类、釉色、特有纹饰等带入民间，使得民窑的烧制技术和产品质量大幅提高。御瓷生产实际上变成了“官搭民烧”，它最大限度地整合了物料与人力，推动民窑展现出空前活力。

清代更是普遍实行“官搭民烧”制度。御窑厂按实时价为次色瓷器估值变价，换取现银，既提高烧造效率，也便于民窑仿制，促成了官民竞市的市场局面。御窑厂实际上成为民窑的最高形式，也让康雍乾时代成为公认的瓷器巅峰。当时，投入瓷业的资金高达国库支出的 8% 左右，不过回报也相当可观。凭借精湛的手工技艺，景德镇不断突破行政规格限制，税收绕过浮梁县、饶州府、江浙行署，直至中央税制单列，直接影响最高统治者。

景德镇瓷器被全世界视若珍宝，成为海外贸易的重要货品。越来越多的外地人为丰厚利润所吸引来到景德镇，这不仅改变了空间聚落形态，也逐渐动摇了里甲系统下大户的地方权力。经过数百年的商战，到清朝中期，景德镇瓷业形成了都帮（都昌人）、徽帮（徽州人）、杂帮（本地人以及其他外地人）三帮鼎立的局面。行帮、会馆等商业利益共同体成为维系社会秩序的主要力量。

这种复杂的社会关系从当时极为多元的民间信仰可见一斑。晚清到民国期间，景德镇有多达上百个佛教、道教的寺、庙、宫、观等活动场所，瓷业神庙祭祀活动此起彼伏，基督教和伊斯兰教的宗教建筑数量也达到鼎盛。作为“匠

清代青花瓷御窑厂图瓷板：画面呈现了以清代御窑厂为中心的景德镇景象。相比过去，明清时期的景德镇御窑和民窑的关系更紧密，形成了新的利益共同体。

ⓟ 潘凌

从八方来”的移民城市，精神文化信仰帮助景德镇凝聚不同群体，进行身份认同，成为联结社区的纽带。

1911 年，随着辛亥革命爆发，清朝覆灭，御窑厂也退出历史舞台，其主体改制成江西省瓷业公司。但受战乱等因素的影响，到新中国成立前夕，景德镇人口锐减至 9 万人，大部分工厂陷入停摆，开窑率不及十分之一。

为了复兴景德镇的陶瓷生产，1950 年到 1958 年之间，景德镇合并了瓷业公司和珠山周围众多小型民窑作坊，采用分区划片的方式，将大量私人手工作坊联合，先后组建了以建国瓷厂、红星瓷厂、宇宙瓷厂等为代表的“十大瓷厂”。

从20世纪末开始，人们对文化遗产越来越重视，2013年，御窑厂遗址被批为国家考古遗址公园，得到有计划的保护和利用。迄今为止，它先后经历了3次主动性发掘和20多次抢救性发掘，出土明清各时期瓷器残片数十吨，也打开了后人一窥御窑厂辉煌的窗口。此外，以御窑厂为核心所打造的景德镇陶阳里历史街区如今也成了景德镇的新地标，在留住历史文脉的同时，实现了老城区向文化创意产业和旅游服务业的转型。

© Fabian Ong

从建筑视角
重新解读景德镇

就像配合默契的舞伴，景德镇的建筑与瓷器在这座城市上演了一场现代舞。中外建筑师对固有的空间模式提出质疑，和运营商、内容生产者、艺术家一起，完成了诸多传承历史文脉、又极富创造性的建筑设计实践。旧的材质与肌理诉说着景德镇的千年历史，新的空间构成又带来了独特的城市语言。大到城区、街道，小到立面材质、一砖一瓦，通过建筑视角，我们得以观察景德镇的更多面相。

text
/
曹中
顾笑吟

photo
/
Fabian Ong
潘凌

A

彭家上弄

建筑设计：
北京华清安地建筑设计有限公司
北京清华同衡规划设计研究院
北京清尚建筑设计研究院

竣工年份：2021 年

这是景德镇历史城区里最具代表性的里弄格局，整体改造采取最小干预原则，既最大化地保护了世代遗存的历史建筑，又融合了新的商业空间，成为集居住、商业、文化展示于一体的新中式空间。

B

三宝蓬艺术中心

建筑设计:
大料建筑

竣工年份: 2017 年

建筑使用夯土墙引领整个细长的空间，结合钛锌板、洞石，让时间在空间里留下痕迹。建筑师还设置了不同的动线，通过高低差，让人们感受在不同空间里的环境对比与体验。

© Fabian Ong

C

丙丁柴窑

建筑设计：
张雷联合建筑事务所

竣工年份：2018 年

设计以窑炉为核心，布局了生产和参观体验两条平行动线。窑房采用与窑炉砖拱结构类似的混凝土拱作为空间主题，顶面光带、墙面条窗、地面竖缝都指向窑炉中轴，营造出肃穆的空间仪式感。

© Fabian Ong

© Fabian Ong

受传统柴窑启发，建筑采用线状砖拱形结构，复杂的双曲面具有强烈的东方拱券特征。建筑师将8个大小不一、体量各异的拱体沿南北长向布置，使得地面上开放的拱券可以利用夏季南北的主导风向，让凉风徐徐穿过拱体。

D

御窑博物馆

建筑设计：
朱锫建筑设计事务所
清华大学建筑设计研究院有限公司

竣工年份：2020 年

Ⓟ 潘凌

建筑通过 53 根蘑菇型混凝土现浇立柱的有序排列，从视觉上由外向内延伸，通透的大面积落地玻璃进一步消除了室内和室外空间的界限。环形长廊透过镂空设计引入自然光线，让人们随着光影变幻进入静谧的氛围空间。

© Fabian Ong

E

陶溪川大剧院

建筑设计：
戴卫奇普菲尔德建筑师事务所
上海建筑设计研究院有限公司

竣工年份：2021 年

F

紫晶国际会舍

建筑设计：
朱锫建筑设计事务所

竣工年份：2022 年

© Fabian Ong

受当地古村落与山水自然之间关系的启发，建筑师引入聚落的概念，将整组建筑伴随山势的走向水平展开。大量向下倒垂的反向单曲拱反复组合变化，错落的拱体之间形成多个孔洞与缝隙，让自然光线可以渗透进建筑内部。

text
/
唐慧
杨楚佳

photo
/
潘凌
祎设计
COS

废瓷去哪儿了?

残瓷废料的处理难点在于其不可分解性——耐高温且耐腐蚀。祎设计的“愚公移山”计划就是为了解决残瓷废料的再利用问题，目前已经和100多家工厂和工作室合作，回收了超过5000吨的陶瓷垃圾。

景德镇，世界公认的瓷业中心。最晚至唐代，景德镇制造的瓷器已被视作“饶州珍巧”，为皇家所用。后因御窑厂的影响，整个产业链被牢牢地锚固在城市之中。近千年高强度的瓷业活动，让景德镇很早就开始转型为手工业城市，这在中国传统农业社会中极为罕见。

© 潘凌

1712 年，旅居景德镇的法国传教士殷弘绪致信里奥神父，详细描绘了当时的瓷业中心景德镇的情况。这封长达二十多页的信，是欧洲最早的系统研究中国陶瓷的文献。在信的最后，他这样写道：

“那些满载坯胎子土和高岭土的船只络绎不绝地来到景德镇，净化处理后剩下的渣滓逐渐堆成小山一般。景德镇有三千座窑，窑内装满了匣钵和瓷坯，这些匣钵最多只能用三四次，而且往往整窑瓷坯都会报废。说到这里，人们自然会问我，哪里去找一个无底洞，以至于往里扔了一千三百多年的碎瓷器和瓷窑垃圾都填不满呢？

“景德镇本身的地势和它建造的方式会给出人们希望的解释。景德镇原先不大，由于盖了许多房子而且仍在继续盖房子而极大地拓展了范围，每栋房子都有围墙……墙体犹如一只空箱子，人们在不太深的墙基上砌二三层砖后，就用碎瓷片填充墙体，再浇上砂浆状的搅拌过的泥浆……一部分碎瓷器和瓷窑垃圾被砌入了围墙，或者扔在河边。久而久之，镇与河流间的距离缩短了：这些碎瓷片经雨水湿润、被行人踩踏，先变成集市广场，然后又成了街巷。此外，发大水时，水流带走了许多碎瓷片，河床里满是碎瓷破罐。”

在这封信件中，我们能够窥探到，如何处理碎瓷废料，是伴随景德镇发展的永恒问题。

01
废瓷与城市建设

在学者贺鼎看来，古代景德镇的废弃物管理中蕴含了可持续发展的思路，物尽其用的策略让城市基础设施充满了瓷都特色。

在瓷业生产过程中，瓷业垃圾主要可以分为三大类：第一类是烧坏的瓷坯；第二类是用来装盛瓷坯的匣钵，每烧一次都会对匣钵造成损耗；第三类则是

© 潘凌

砌造窑炉的窑砖，和匣钵一样，一旦过了使用期限，它们就成为需要处理的垃圾。

在过去漫长的历史中，这些瓷业废料被巧妙地运用到城市建设中，成为最重要的建材，变成墙垣、地基，用于垫高城市下垫面，建设城市排水系统，用来应对频繁的洪灾风险。

巨量碎瓷不是令人头疼的垃圾，而是可以再次回收利用的资源。

景德镇的自然地理条件，可以用“山水环绕，中央一洲”概括。这座城市地处江西东北部，母亲河昌江贯穿市内，上连富饶的徽州古干道祁门，下接鄱阳湖后注入长江，联结世界市场。北侧的五龙山脉延伸至城中，形成了五条高低起伏的山岭坦坞，在山、岭、坦之间，水系冲击下又形成了众多地势低洼的坞、塘、沟。

漫长的历史让景德镇人学会了最大限度地利用得天独厚的条件。大量瓷业作坊聚集在起伏的山坞之中，坯房、窑房为避水患，通常会建在地形中微微凸起的部分，这也让坯房院落中的晒架塘常年有水，既可以满足瓷业生产过程中大量用水的需求，也便于人们取用生活用水。

生产瓷器充满了不确定性。柴窑烧制的成功率通常只有三成，整窑报废也是常事。海量的废瓷被不断扔进景德镇的低洼处，用于抵御频繁的洪灾和

废瓷、窑砖和瓷业垃圾是古代景德镇最重要的建材，景德镇御窑厂遗址内至今仍保留着由窑炉用砖和窑业生产的残次品构筑而成的地面和墙体。

内涝风险，山坞被填平，溪流被封盖，这些被填埋的地方，最后逐渐演化成建筑密集、人口稠密的区域。

在不同地方，废瓷填埋深度也有很大不同。御窑厂周围，堆积深度达 3 至 5 米，中山路以西平均达 5 至 7 米，观音阁甚至到 20 多米。经年累月地堆积，让景德镇几乎成为平地，地表形成了厚度惊人的考古地层。《景德镇市地名志》中有“三洲四码头、四山八坞、三塘九岭”的说法，现在人们只能从遗留下的地名——如观音岭、竹林坦、西瓜洲、十八桥中，依稀辨认出景德镇曾经丰富的微地形，如今已荡然无存。

河边是窑户的天然垃圾场。扔到河边的碎瓷片，让昌江沿岸不断被瓷业垃圾填高、填窄。很多史料可以证实，废瓷对于景德镇城市空间演化的重要意义。以黄家洲为例，这里原名竹林坦，西边靠昌江，南边有竹林分布，最初的地貌就是一片水边的竹林高地。这里聚集了一些贩卖粗瓷和做篾匠的人家，又容纳了一些做小生意和卖艺的摊贩。乾隆十八年（1753），沈翰林之子沈登荣看中此地人气旺盛，便买下一处高地，建造了苏湖会馆。到民国初期，这里的商铺越来越多，产业也进一步集中。原有的竹林被砍伐殆尽，形成一片空地，后成为说书、杂耍摊子的聚集地以及节庆聚会处，成为市民活动空间。新中国成立后，这一片空地建了成排的工人宿舍。经历了漫长的演化，从废瓷堆到建成区，河边洲地不断得到开发利用。

在御窑厂遗址内，可以看到由废瓷、窑砖、匣钵片等窑业废弃物修建的清代墙基和明代泥池。

© 潘凌

景德镇地名中的“下弄”，正是人们不断用废瓷填河、开发洲地的印证。下弄洲地的地名往往是东侧地名的延伸。例如前街（今中山路）以东是麻石弄，以西——在更靠近昌江的地段——就是麻石下弄。徽州会馆购置地产的契约文书中，也有许多购买浮屋、浮店的契约。如康熙五十一年（1712）购入哲四巷浮楼店一间半，嘉庆元年（1796）购入江家巷下河打船厂浮店屋一间。浮店、浮屋即在压实沿河废瓷堆积的基础上，用窑砖、碎瓷片和瓷业垃圾砌成围墙的简易房屋。下弄的街道正是由这些“下河”的浮屋、浮店聚集延伸而来的。

这些用瓷业垃圾“填沟壑，造陆地”的努力，不仅解决了景德镇的人地矛盾，成为手工业城市的基础设施，而且也缓解了频繁水患和生产安全需求之间的矛盾。

破碎的匣钵、窑砖、渣饼、碎瓷片平整形成的地下层空隙率较高，因此有很好的渗水效果。雨水通过这一渗水层，流入暗河和下水道，最终汇入昌江。巨量瓷业垃圾构成的巨大渗水层成为城市中重要的排水防涝设施。整个老城区地面平均被抬高了至少 3 米，使得超过一半的城区免于水患袭扰。

到了清代，这种自发形成的排水系统已经无法应对景德镇庞大的人口规模。雨季洼地被淹，浊水横流。1914 年，景德镇总商会会长吴简廷筹款修建了下水道，上自莲花塘，下到刘家下弄，长度超过市区的三分之二，

潘凌

景德镇遗留下的千年废瓷，大部分沉于地底，或默立墙中，只有一个例外，那就是御窑厂。

自 1982 年景德镇考古挖掘御窑厂遗址以来，清理出土明代洪武至嘉靖朝的落选御瓷碎片有十数吨，“若干亿片”。明清两代对御用瓷器挑选十分严格，稍有瑕疵便会落选。如何处理这些废瓷也与当时的政治制度有关。明朝初年，御瓷是皇权至尊的象征，臣庶不能私藏、擅用。凡是落选的御瓷只得就地砸碎，绝不可流入民间。“官搭民烧”之后，民窑有了仿造御瓷的能力，“纳银代役”让残次品瓷器拥有市场价值，这才免于全部砸碎的命运，可以储存起来，但如何处理仍然没有明确规定。直到雍正时期，在唐英的努力下，才彻底废除落选御瓷打碎掩埋的制度，可以解运送京，交内府储存，或在京城变价出售。乾隆时期，除代表皇室的黄釉瓷之外，落选御瓷一律在当地变价出售。

所用材料均为瓷业废料窑砖。直到今天，这条百年大沟仍在继续使用。据统计，截至1990年，景德镇下水道总长超过9万米，其中有6000多米是用瓷业废料窑砖建成的拱券式下水道，是景德镇瓷业遗产的重要组成部分。

02 现代废瓷再循环

在与自然共存的过程中，剧烈的人类活动通常会给生态环境带来深远影响。有学者用“人类世”这个地质概念，警示足以与自然抗衡的人类力量。与一般印象中的产业城市不同，古代景德镇虽然是“万杵之声殷地，火光烛天，夜令人不能寝”的“四时雷电镇”，也没有裸露的矿坑，也没有枯竭的河塘，更没有遍地的瓷业垃圾。

在先人的养护下，今天的景德镇依然群山环绕，江水粼粼。但就像其他千百个中国城市一样，水泥和钢材已成为城市化的主要建材。如何处理废瓷，越来越成为问题。

郑祎，艺术家、策展人，景德镇乐天陶社的创办者。2020年，她与尹一合作，专注于解决景德镇的废瓷问题。

一开始，尹一只是不忍心浪费烧制失败的陶瓷，便用回收的废瓷片做了几个灯具。随着对废瓷问题的深入关注，他们发现景德镇就像一个巨大的垃圾场，每年都有80万吨的瓷业垃圾被随意掩埋堆放。

为了找到一种不含水泥的废瓷黏合剂，2015年，尹一去往英国留学，回国后和同样关心废瓷的郑祎重组了祎设计。尹一负责产品研发和实验室、工厂的运营，郑祎负责对外的推广运营。他们想共同探索出一个可复制的废瓷回收处理方案。

在景德镇，如果问起如何处理瓷业垃圾，很

这个2.33公顷的场地已经堆满了祎设计回收的废瓷“原料”。

多人会提到郑祎的名字。在网站上，她这样介绍自己："很想退休，但解决陶瓷垃圾问题的重要性已经成为新使命。"祎设计的回收陶瓷由"愚公移山"计划开始，目前已经说服了 60 家工厂和 40 多个工作室，将废瓷收集起来，放在祎设计提供的大箱中定期运回，总量累计超过 5000 吨。工厂也乐见其成，免去了将废瓷送出填埋的麻烦事。

陶瓷是一种非常坚硬的材料，不惧风雨，不会氧化变质，普通酸碱也拿它没有办法。这种恒久不变的特性赋予瓷器极高的使用价值和人文价值。这样的材料特性也成为设计的切入点，不能被自然降解，意味着废瓷可以广泛适用于户外空间。要想高效地处理大量废瓷，将它们转化成更可持续的建材，无疑是最佳选项。

尹一在实验室里不断地改进黏合剂的配方，去除水泥、胶等非环保材料，将废瓷用低能耗的工艺分解成大小合适的颗粒，做出了更硬、更轻的透水砖。合作的本地工厂帮助他们实现小规模量产。他们设想的使用场景，主要是

ⓒ 祎设计

祎设计的 YiBrick 陶瓷再生透水砖，获得了 2022 年 IF 金质奖。

精明地回收利用废瓷，重塑人居环境，是千年瓷都的可持续生存智慧。

海绵城市的路面，废瓷带给它们的超高透水性能可以帮助缓解城市内涝、节约水资源以及降低热岛效应。材料丰富的纹理与色彩也让它们可以适应各种室内、商业和艺术场景。

这块环保理念出发的透水砖很快获得了众多国际奖项的青睐。今年是祎设计回收“废瓷”的第三年，但郑祎并没有着急想要大批量生产以收回成本，而是希望能有更多人知道废瓷的故事。她发现，海外品牌更愿意为可持续设计的理念买单。

完成前期的技术研发之后，通过斩获国际奖项，在全球范围内找到志同道合的合作对象，是郑祎的品牌策略。她在意的，是景德镇的废瓷解决方案可以成为全世界可持续设计的一部分。景德镇是实验的起点，在恰当的时机，它可以在中国甚至全世界的产瓷区推行。

回望景德镇的城市发展历史，人们会惊讶地发现，精明地回收利用废瓷，重塑人居环境，是千年瓷都的可持续生存智慧，早已融入城市肌理之中。人类如潮水一般，在景德镇的空间环境中生存又退去。只是时移世易，21 世纪的人类必须更加主动地回应气候变化的挑战。

“人类世”会给环境带来怎样的影响？不远的将来，景德镇会给出自己的答案。

© COS

COS 在上海的新门店使用了祎设计的回收陶瓷再生手工砖和全瓷砖产品。

釉料研发的独门技术，有时就隐藏在这些矿泉水瓶里。

© Fabian Ong

矿泉水瓶

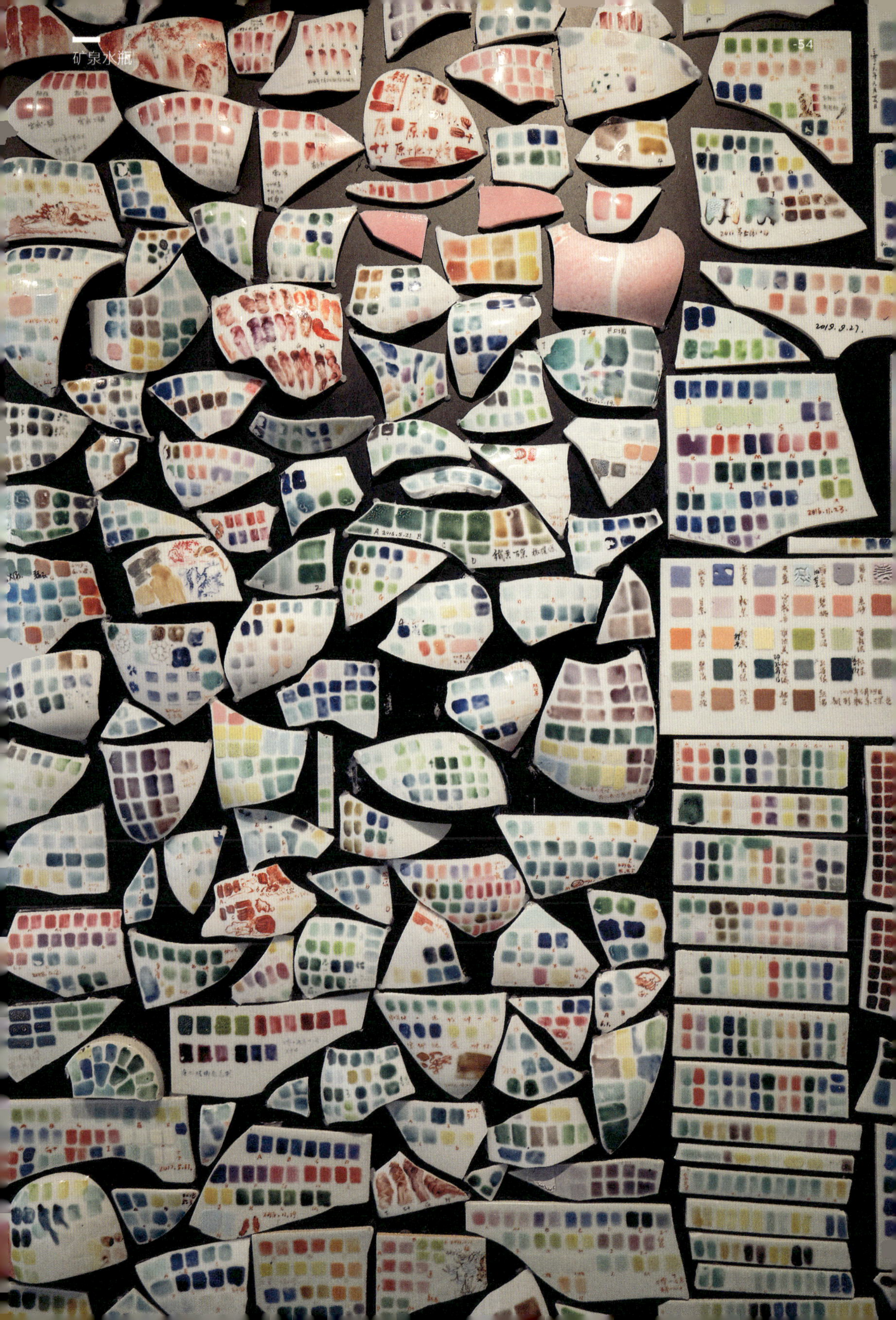

釉料的颜色美学

粉笔画黑板，釉料粉陶瓷。如果你想在陶瓷上“画画”，就得用到釉这种“颜料”。釉是一种化合物，来源于天然矿石里的化学成分，经过高温加热，能在陶瓷坯体形成 0.2 到 0.8 毫米的玻璃质薄层。这一薄层能增强瓷器的抗腐蚀能力，也会呈现出不同的颜色和纹理——就像人们穿的衣服，既有实用性，又有时尚感。

釉料的本质就是不同化学成分之间的化学反应结果，分为陶瓷釉和陶瓷彩（色）料两类。陶瓷釉一般分为单色釉、透明釉、窑变花釉、艺术釉和特殊釉料五种，陶瓷彩料则分为青花料、釉里红和颜色料三种。陶瓷釉的熔点较低（1200℃左右），适合用作大块填色；陶瓷色料更耐高温，适合精细勾勒线条，不易晕散。

从古至今，釉料配方大多都是各家的“秘密武器”，是多年试错、经验和教训的累积。各种试验与经验，目标都是想尽量精准控制影响釉料最终效果的各种因素。在实际操作中，难度常常体现在各种变量上：即使是同一种釉，不同的调配比例下，合成出的颜色也不相同；瓷土、窑口温度、地理环境、天气等自然界不可控的因素，也会影响釉料的显色。

上釉的流程也有讲究。在已经形成釉面的瓷器上作画被称为“釉上彩”，画完后的瓷器需在低温（700℃—900℃）中经历二次烧制，釉料会突出原本的釉面，摸上去有凹凸感。在未施釉的陶瓷坯体上作画则叫作“釉下彩”，坯体和釉料同时高温（>1200℃）烧制，釉料会充分渗透在坯釉中，成品表面光滑。

text

/

林洵

photo

/

肖南

现在，为了降低试错成本，人们常用小块瓷片来测试釉料在不同情况下的显现效果。这是在景德镇颜山美术馆展出的釉片墙，展现着釉色的研究与记录。

李颜珣

当代陶瓷艺术家，景德镇颜山美术馆创办人。研究古代陶瓷和现当代陶瓷，对陶瓷工艺及材料的研究涵盖低温、中温、高温等多个品类。从艺20余年，现专注于古代陶瓷研究以及当代陶瓷艺术的创作与理论研究。

陶瓷里的颜色秘密

Q：你为什么会从瓷板画转而开始研究陶瓷材料？研究材料包括哪些范畴？

L：景德镇到处都能找到成品料，这种便利性也在扼杀艺术家的创造性。我希望个人作品的大部分材料是自己做的，能让作品的表达更独立。我另一个最大的理想是做当代陶瓷艺术教育，这也是我研究陶瓷材料的原因。

陶瓷材料研究是一个很综合的领域，包括胎体、釉料以及陶瓷装饰的色彩。其中，釉料又包括低温、中温、高温等各种不同的材料。对我而言，从釉上彩、中温釉彩到高温颜色釉，不同的研究是交替进行的。

釉料好比绘画用的颜料，通常有经典的颜料盘。陶瓷研究也同理，有了基础的调色盘，才能自由地混色创作。

QA

Q = 未来预想图（Dream Labo）
L = 李颜珣

text
/
钟恩惠

photo
/
肖南
王浩
李颜珣

ⓟ 肖南

李颜珣

王浩

王浩

王浩

王浩

Q：那么成品料和自己配的料最大的区别会在哪里？通常什么样的时候会选择成品料？什么时候会选择自己做？

L：成品料是市场上一些相对标准化的颜料，由工厂或个人作坊调配，做完后投入市场公开销售。这个成品品质确实非常好，当生产需要求稳、求同质化的时候，就可以用它，没必要自己做。因为从事这个行业的人不是所有人都有精力去研究材料，成品是大家的共同需求。

我选择自己配釉，还是因为艺术作品的独立性。但有些颜料自己配会非常麻烦，它需要有一整套机械设备，即使知道原理和工序，个人也不容易做出来。这种时候我也不会舍近求远，就会部分选用成品料。

Q：如何理解釉上彩、釉下彩、颜色釉这三种分类？它们仅仅是工艺先后区别还是有历史发展渊源？

L：从基本概念来看，釉上彩就是在坯胎上施釉烧成瓷后，在瓷釉上加彩，而后需经过第二次的 800℃ 左右的低温烘烤。釉下彩是在坯胎上做装饰，再覆盖一层釉，然后一次性高温烧成。高温颜色釉可以理解为给瓷器穿上了不同的衣服，不同温度的“衣服”一次性烧成，形成了不同的颜色。

中国每种陶瓷都有演变历史，景德镇的也不例外。釉上彩中最具本地象征的五彩，其渊源可以追溯到金代北方的红绿彩瓷。清代早期开始盛行的珐琅彩，就是西方传入的技术，往前可以追溯到 13 世纪西亚的米奈陶（Minai Ware）工艺，这也是欧洲釉上彩的技术源头。

青花是景德镇釉下彩的典范，釉里红也是。釉下彩可以溯源到金代磁州窑的釉下黑绘工艺。

高温颜色釉是明清时期景德镇最具代表性、原创性的瓷器品种。早期景德镇的颜色釉，比如五代的白釉和青釉瓷、宋代的青白釉瓷，深受唐代北方邢窑白瓷、唐代南方越窑青瓷的影响。

不同陶瓷品类其实不能用先后发展的关系来看待，但的确颜色釉是基础，是陶瓷最简单的一个元素，和其他品类是先有“身体”，再有一件“衣服”的基本关系。而在有绘画的装饰之前，先有的是刻画——就是用刀在坯上做剔刻、雕刻类的装饰。

总体而言，釉下彩、釉上彩、颜色釉这三种类型并不能概括陶瓷的装饰分类，只是我们在景德镇瓷器中经常接触到的品类。

Q：古时的景德镇，在釉用原料制作上有什么独特的优势吗？其呈现出来的作品会有特别之处吗？

李颜珣在自己的工作室研究釉料。调釉后，在同一块瓷片上涂一组不同的釉料，烧制后可对比釉料的发色情况。这种试片制作的过程也叫“试照”，是制瓷七十二工序之一。

L：景德镇出道即巅峰的关键之一是瓷土。丰富的天然材料让这里的工匠很容易配出釉。瓷石不仅可以做泥，也可以做釉，在当时是难得的原材料。景德镇还出产釉果矿石，加少量熔剂直接烧制就是白釉，洁白玉润，非常漂亮。

最初，景德镇的工匠用“一元配方”就能制瓷。即一种石头就可以做胎，只需要把石头粉碎洗细，把它变成泥，就有了天然的瓷泥。1000 多年前发现的三宝瓷石矿，至今仍能使用，只是禁止开采了。在它附近的同一个矿脉的小里瓷石矿倒是还能开采和使用。现在，全球范围内无须拼配的天然瓷石矿仍不多见，以中国和日本为主。

大家可能听过景德镇制瓷的“二元配方”。元代工匠将高岭土与瓷石拼配，引发了制瓷技术的变革。从原理来讲，高岭土是含铝量很高的黏土，是一种高温材料，而瓷石烧制温度相对较低。将一定比例的高岭土加入瓷泥，能让瓷器在烧制过程中不易变形，结构稳定。这一技术带来最直观的变化是，能够烧制元青花等类型的大件瓷器。

明代后，重制历代名瓷的皇家审美，也让景德镇的釉料丰富起来。比如成化皇帝十分欣赏永乐时期的甜白釉，但当时以“南青北白”著称的越窑、邢窑以及宋代五大名窑均已衰落。因此，御窑厂不得不研究仿古的配方，随着技术进步，从中又衍生出新的单色釉品类。

Q：观察景德镇的匠人和艺术家时，大家会高频提到独门的釉料、色料配方这件事儿。所以，历史上没有景德镇传承下来的制釉配方吗？为什么大家强调自主研发？

L：在过去，制瓷技术是一门经验学。配方总是掌握在少数人手里。当时制瓷的材料都取自天然产物，这些物质无法像现在这样，基于化学研究做到数据化、标准化。即使西方的传教士殷弘绪在景德镇观察制瓷技术长达 7 年，他的书信中还原的制瓷技术也仍有不少内容是概念化的，甚至是错误的。可见在当时配方很难标准化。

今天，即使我们能看到仿古风格的瓷器，其配方也是后人研究还原的。过去的配方没有流传下来。近代开始，我们更多采用化学试剂做釉料配方的复原研究。

至于独门配方这件事儿，景德镇的匠人会常年专注在某一品类或是单品的研发上，他们投入大量的时间，就更容易找到期待中的最优结果，也就形成了独门的秘方。

Q：古时候的制釉工艺是因匠人而异，没有可量化的标准，现代工业化制釉和手工制作的工艺会有什么不同？

L：手工制釉和工业化制釉是一样的，只是工业化生产机器更大，产量更高。就工序而言，可以基于釉的配方去寻找相应的原材料，然后根据配方按比例混合材料，再用球磨机加水精磨，过滤后就成釉了。

现在很多人会提到釉料是原矿还是化学制的，长期以来，大家似乎认为原矿就是天然的、环保的，化学制品就是人工添加的、不好的。我想说这其实是一个“伪命题”。

陶瓷是硅酸盐材料在高温煅烧过程中结构重组的结果。选择原矿或化学制品只是制作手段和工艺需求不同。有时候一个釉果就可以做釉了，的确不需要拼配，原矿即可。而化学釉也是从天然矿石中去除杂质“提纯”而来的，它的可控性对我们做实验和数据分析很有帮助。两者原理不同，但更重要的是看应用。

Q：在你研创釉料体系的过程中，釉料试验的核心是什么？有了体系就能确保成品各方面的品质稳定吗？

L：基础釉的研究涉及烧成温度和烧成釉相。研究温度时，我们会调整釉中以石英为主的釉体和助熔剂之间的比例，让基础釉能够在我们设定的烧成温度下熔融。助熔剂有很多常用选择，比如低温釉会选用到铅、硼等，高温釉会选用钾、钠、钙、镁等。

釉相是指釉烧成之后透明度的区别，或者是否开片，即瓷器釉面是否开裂。常见的不同釉相有透明釉、乳浊釉、结晶釉、纹片釉等。不同釉相的釉配方，采用的熔剂结构不同，摄入的金属发色剂不同，就会形成不同釉相的釉配方。

釉料研究不是简单的色彩叠加。陶瓷烧制中会涉及硅酸盐反应，需要尝试不同金属成分的组合。举个例子，铁、钾、钛、锑均可制作黄色，但呈现的发色不同。如果将这四种金属与蓝色的金属成分钴分别反应，呈现出来的绿色也会是四种不同的结果。因此，我们需要通过试验调试配量，形成配方。

材料学中也有专业的配方计算方式，但一般而言，我们还是按经验自己配。我也没有受过专业材料学的训练，是自己琢磨出来的。掌握透明釉、乳浊釉、结晶釉、开片釉等基本釉相和原理后，我们就按需要尝试配制。通常的做法是确定基本配方之后，将配方中主要影响结果的两个或多个材料，以不同的比例分别配出 5 至 10 个样品，烧成后就能得到一组结果，在其中选择比较理想的数据区间，再作微量调整，反复试验，直到结果理想为止。釉的金属发色剂大概有 20 多种，但每一个环节可以选不同的材料，材料的叠加能够带来的变化是无穷的。

艺术是没有标准的。研究材料是为了数据化，但我追求的不是稳定，而是创作的自由。当我研究草绿色和深绿色的标准数据时，我不是为了用这两个色，而是为了以标准色建立色彩的坐标，在创作中我就可以探索这两者之间“无限色阶”的可能性。

我觉得陶瓷的艺术语言很特别的地方在于，它其实是“可控中的不可控”，或者说是“不可控中的可控”，它会有一个临界点。

艺术是
没有标准的。
研究材料
是为了数据化，
但我追求的
不是稳定，
而是创作的自由。

这个技术了不起！

景德镇有很多
在传统技术上延续至今的厉害制瓷本事。
这些技术的继承者们既要在
既有技术的基础上作出各种改进与创新，
也需要不断适应新的市场需求，
提出新的解决方案。

Ⓟ 潘凌

富玉陶瓷
玲珑瓷
File 01

如何在陶瓷上“打洞”？

text
/
杨楚佳

photo
/
潘凌
Fabian Ong

在景德镇，几乎家家都有一套这样的餐具：碗底是青花盘龙，碗壁雕穿出米粒形的玲珑眼，碗口是一圈芭蕉形和“工”字形的边饰。

这种工艺被称为“青花玲珑”。它或许是景德镇最广为人知的陶瓷造型之一，在新中国成立后日用品量产化的年代里，青花玲珑瓷产量最大的地方是光明瓷厂，也是众多国有瓷厂之一。它每年产上千万件，具有同行中数一数二的工业化技术。

到了 20 世纪 90 年代末，伴随着国企改制的风潮，十大国营瓷厂解体，景德镇失去了生产玲珑瓷的大工厂，掌握玲珑工艺的匠人也无处安置。陶瓷商人吕森林招揽了光明瓷厂的老师傅，开办了富玉陶瓷——一家流水线化批量生产日用陶瓷的工厂。

当时的光明瓷厂已经在使用“玲珑打眼机”生产玲珑瓷，它改自压坯机，像压制陶瓷素坯一样在瓷器上压出米粒孔。机器现在看来虽然简陋，但启发了富玉陶瓷的机器开发方向：其他功用的机器也有制作玲珑瓷某一环节的潜力。

对富玉陶瓷来说，研究如何在瓷器上“打洞”是一门技术活。

1 模具注浆做坯：向陶瓷模具注浆，坯体成型后自然风干。模具一般配有束模印夹或者牛筋绷带，便于定型。**2 利坯：**把器体打磨得光洁均匀。**3 素烧：**如果是机器雕刻玲珑眼，生坯在上釉之前先烧制一遍，可增强坯体强度，也可及时暴露坯体问题。如果是手工雕刻，则在玲珑眼雕好后再素烧。**4—7 打玲珑：**有手工打（4）、喷砂机打（5）、精雕机雕刻（6）等多种制作玲珑眼的方式。机器做出的玲珑眼花纹不再限于简单的米粒形，可以雕刻出更多图案和组合（7）。**8 湿坯：**将坯体浸湿，方便上玲珑釉。**9 填釉：**用釉料在玲珑眼填涂至凸起，釉料在烧制时和坯体同步收缩，会变得平整。**10 晾釉：**烧制前，需在阴凉通风的地方晾干泥胎。烧制后的玲珑釉晶莹剔透，所以要用紫红色化学物质标记区分，以检验坯体上的玲珑眼是否填满，紫红色在烧制后会消失。

要知道，最初的玲珑眼正是由宋代香炉的镂雕工艺而偶然得来的。富玉陶瓷的研发团队调整了雕刻木桶或花瓶的机器的配件和转速，编写新的程序，让它能雕刻瓷杯、瓷碗。现在不仅是米粒形的玲珑眼，餐具中还融入了牡丹、莲花、书法笔划的纹样。研发团队每年都会去广东工业展，寻找新的机器，再根据自家需要来改良。

为了适应新机器，传统的制瓷手法也在改变。某些器形由于尺寸不合，无法用机器来加工。为减少器形对机器雕刻的限制，吕森林的女儿吕雅婷和团队正在通过改变瓷器本身的形状，从做模具开始，就让瓷器适应机器制作流程的每一步。无法装在利坯车上的杯子，通过减少模具足底部分的深度，可以规避后续机器生产的障碍。

1—10 / ⓟ 潘凌

吕雅婷自 2014 年开始接手家业，现任富玉陶瓷董事长，负责公司的管理与研发。她

11—14 青花：青花在烧制前近乎黑色。手绘青花时，线条要均匀，一笔呵成（11）；握笔姿势是师傅的个人习惯，这种方式方便抖笔下料。师傅的右手臂固定在一个支点上后静止不动，让底座自行旋转，顺势画出青花的环形线，俗称“打青花箍”（12）。需要数年练习，凝神、手稳，画出的线条才均匀自然。师傅先勾勒轮廓线，再填色（13），由于每一笔浓淡不同，所以烧成后的图案颜色会有深浅变化。青花图案也可以通过贴花纸来迅速量产（14），纹样由富玉陶瓷向花纸工厂定制。**15 施釉：**在陶瓷体表涂上面釉，这一层在烧制后光洁白亮，是日常使用陶瓷时看到的表面。**16—17 烧制：**富玉陶瓷的日用瓷用气窑烧制（16），能源是天然气。气窑可以获得均衡、可控的高温，废品率大大降低。但仍然需要烧窑师傅把控烧制时长和火候。柴窑则用来烧制“富玉窑”手工产品线，这种烧制方式更难控制，但颇有表现力（17）。**18 完成**。

11 12
13 14
15 16
17 18

从小就跟着亲戚学习玲珑瓷的技法，从英国留学回来后又跟着专门的师傅学习了配釉。吕森林让富玉陶瓷实现了量产，但直到吕雅婷接手后，才有了明确的产品分层和细分品牌的意识。吕雅婷将产品分为了日用瓷“富玉”、艺术收藏“富玉窑”、面向年轻人的“WENO° ”、生活摆件“富玉呈祥”，每一个子品牌都依赖不同的设计与技术。

© 潘凌

不同于常见的近乎无色的玲珑釉，这组龙凤纹对杯的玲珑眼中填充的是五彩玲珑釉。

富玉窑用高度依赖手工的精雕细描，来复刻目前无法用机器生产的古典器形和花纹，但自古以来，玲珑只用青花来配，吕雅婷如今则将它和雕刻陶瓷表面的扒花工艺、用金色釉彩描绘花纹的描金工艺等相结合。WENO° 的代表产品是陀螺杯，瓷杯连接着金属底座。特殊的烧制温度和收缩率让陶瓷很难砌合在其他材料之上，仅是底座轴承这一个部件就尝试了七个版本才完工。

吕雅婷早年在英国留学，用微波炉热菜时，在当地买的碟子裂开了。家乡的陶瓷以质量过硬而闻名，她只在工厂的次品堆里见过开裂的瓷器。景德镇一直以 1300° C 甚至更高的温度来烧制，选用的也都是高强度的胎土，合格成品结实耐热，能用很久。这让吕雅婷意识到，日用陶瓷最重要的是好用。

硬度低的陶瓷餐具，稍有划痕就会伤及胎骨，饭菜油污就会卡在划痕里，再也洗不干净。延续着景德镇硬质瓷的传统，吕雅婷改进配方，增加面釉的硬度，让餐具用刀划都很难留下痕迹，不易沾油渗油，易于清洗，并申请了专利。

11—16 / © 潘凌 17—18 / © Fabian Ong

对于普通人来说，一眼看中的往往是玲珑瓷的花纹和器形，对使用感的好坏没有太大预期，选购时也不会首先考虑陶瓷厚薄决定了它是否烫手、烧制温度会影响使用时的身体健康、面釉软硬会影响清洗难易度等。吕雅婷虽然选择了提升质量作为技术研发的优先项，却也不想让设计成为影响人们购买决策的要素。

青花玲珑瓷的日用餐具上，早早就能够用印刷花纸来代替手工描画，呈现出复杂的图案，盘根错节的龙纹也能印得分明，但想在玲珑瓷上实现新的玲珑眼设计，必须要有更精妙的技术。

手工烧制的玲珑瓷都很难保证成品率，量产就更加不易。玲珑瓷是“破坏性生产”，越复杂的孔眼设计，越容易变形，甚至开裂。吕雅婷在研发产品时，发现了设计和质量的矛盾之处：要保证陶瓷质量，就必然会限制玲珑装饰的丰富程度。

在现有技术下，品控标准越高，成品率越低。吕雅婷也为此和生产团队争吵过。富玉陶瓷的生产和销售团队希望放开对变形的宽容度，来降低次品率、雕刻出更加华丽多样的玲珑眼，何况不经过仔细的对比，普通使用者很难注意家里的碗有没有变形。但吕雅婷拒绝做“违背陶瓷原理的事”，比如，她将一些产品的变形率*控制在 70%，高于同类产品市场要求的 85%。

吕雅婷一直在量产、设计和质量之间平衡取舍。在雕刻细长连续线条时，被线条围住的部分很容易全部镂空，为保持器形结构，线条中间目前只能断开，形成虚线。吕雅婷了解到，日本也有做玲珑瓷的手工艺人，他们用精确的手工，可以突破线条断裂的技术限制。但她说：“那个成为不了产品，只能作为作品。作品你可以做得奇形怪状，但我们要把它作为日用陶瓷投入生产。”她也看到过一种瓷碗，玲珑眼从碗底一直打孔到碗口，虽然看起来奇特，但烧制时会裂开，变形，无法使用，她便不会考虑去研发这种设计。

泥料塑成胎体，玲珑釉填充孔眼，面釉包裹于瓷器整体表面，它们是玲珑瓷的三大核心成分，却在制作时有着不同的缩水率，稍有不慎，都会让瓷器变形或出现气泡。不论是量产或手工，陶瓷烧制本就不容易控制，玲珑釉的加入增加了这种不确定性，而量产会将次品率的影响进一步放大。

富玉陶瓷的创新 point

1

日用品量产化。改造既有机器，让其具备制作玲珑瓷某一环节的功能，增强了器形包容度，也可以雕刻更多玲珑纹样；通过改变瓷器本身的形状，从做模具开始，就让瓷器适应机器制作流程的每一步

2

将既有产品分层，根据定位与技术细分品牌

3

用技术解决质量和设计的矛盾。改进配方，增加面釉的硬度，让餐具用刀划都很难留下痕迹，不易沾油渗油，易于清洗；通过二次修补的技法，让传统与面釉颜色一样的玲珑釉色可以发展为彩色玲珑釉

4

为了让配方更加稳定、成品率更高，开始研发泥料

*富玉制定了一些内部检验标准，这样，某一品类产品在检验时，就有三成会被归到变形的范畴——这些变形非常细微，并不影响日常使用，普通消费者无法分辨——此时变形率就是 70%。而市场检验标准比富玉的宽松，所以这类产品在市场上对标时，就会让更多变形产品“逃逸”，变形范畴只有 15%，此时变形率就是 85%。这就意味着有更多在富玉标准里的变形，在市场上被归为不变形。

如今，吕雅婷在用富玉窑这一手工产品线做小规模的试验。她专门收拾出了一片厂房，用作“实验室”，整天和老师傅们研究釉料配比，让每种成分都缩水得“恰到好处”。富玉陶瓷的日用线一个月有 30 万件的产量，任何一点设计或原料的变动都会影响产出，最初甚至连原料的批次都会让成品和之前大相径庭，需要非常谨慎地尝试新配方。

ⓟ 潘凌

富玉陶瓷董事长吕雅婷一直在量产、设计和质量之间平衡取舍，用技术解决质量和设计的矛盾是她目前最重视的研发方向。

烧制玲珑瓷时，玲珑釉和面釉一般是同一种颜色。这样即便玲珑釉在高温中流了出来，它也会和面釉融为一体，不返工也不会影响外观，所以制作者很少使用彩色的釉料。但富玉陶瓷可以通过二次修补的技法，让彩色玲珑釉也能点缀在瓷器中。吕雅婷研究了许久五彩玲珑釉的制法，最初只用它来装饰源自康熙年间的十二月花神杯，属于手工制作的富玉窑产品线，数量极少。但随着技术的不断完善，现在年轻化、产量更高的日用马克杯也用上了五彩玲珑釉装饰。

用技术解决质量和设计的矛盾已成为吕雅婷目前最重视的研发方向。“能够烧得圆而且厚薄正好，是从泥料、釉料这些最开头的东西开始的。”吕雅婷认为富玉陶瓷的优势正是在此。为了让配方更稳定、成品率更高，吕雅婷正在研发自家生产的泥料。小型工作室无法兼顾产量和创新，大企业如果将工厂外包出去，也不会以陶瓷原料研发为重。富玉陶瓷则是以日用线的营收来支持研发。

吕雅婷正在挑战很薄但不烫手、很厚但不流釉的日用陶瓷，为此不断试验新的原料。和她一起研究的，还有团队中一批专注于研发泥料、釉料等等环节的老师傅。吕雅婷这样类比：“元代有浮梁瓷局，明清两代有御器厂（后称御窑厂），20 世纪 50 年代到 90 年代的十大国营瓷厂有科研室，它们都有专门的研发团队，景德镇的陶瓷才很早就中外闻名。”

艺林堂

粉彩

File 02

寻找
家族产业
的标准

© 艺林堂

text / 肖涵予

photo / 肖南 艺林堂

景德镇有着开设御窑厂、设立十大国营瓷厂的历史，这里不缺乏熟悉各种技法的人才，难的是把他们聚集在品牌下长期发展。从 1953 年以家庭作坊形式成立至今，艺林堂已经在景德镇做了 70 年粉彩，如今有近 200 人的团队，其中包括 100 余位画工。每个工作日的上午 9 点半，画工们需要按时打卡上班。

粉彩瓷最初出现于清朝宫廷，重点图案常具备凸起的立体感。比起更传统的瓷器，粉彩的颜色有着更多的渲染、渐变效果。这种形式非常考验画功。艺林堂市场部的熊承文说，目前好的粉彩具备“贴花达不到的笔锋和触感”。

现在，艺林堂依旧手工绘制瓷器。工人们按题材分为花鸟、山水等不同生产组别，在艺林堂的工坊里按工序绘画。几乎纯手工的生产模式看上去未必新颖，但从这里产出的“九桃五福”等主题产品，在今天的瓷器与茶器市场仍然受到欢迎。成熟稳定的技法与产品能给一个工坊带来稳定的现代化合作方式，现金流也会更有保障。熊承文说：“通常经销商一拿到（这些系列的）货品，立刻就能售出结款。”

在销售之前，货品的有序生产是基础。艺林堂第三代主理人余寅向未来预想图解释：“做瓷器的前 5 年里，我发现了几个阻碍景德镇陶瓷发展的重要问题，第一个就是生产的有序、稳定和标准性。”2017 年，他开始调整艺林堂的工作模式，让画工师傅们到点打卡上班，制定生产标准和计件规则。

这在靠手艺、人情维系的窑口中比较罕见，过去更甚。余寅的父亲管理艺林堂时，宽松带来的生产问题就有所显现。“好一点的情况是今天有点事情，师傅就不过来了；更恶劣的是师傅前一天喝醉酒，甚至打麻将输钱了，就干脆不想上班了。”余寅说，他亲眼看见过父亲安抚打麻将输钱的师傅，还自己掏

© 艺林堂

芙蕖是艺林堂的代表系列之一，以荷花为主题，其中包含了酒具。荷花题材考验着颜色的清透，需要细致的笔触，使深色处也不至于浓重堆积。

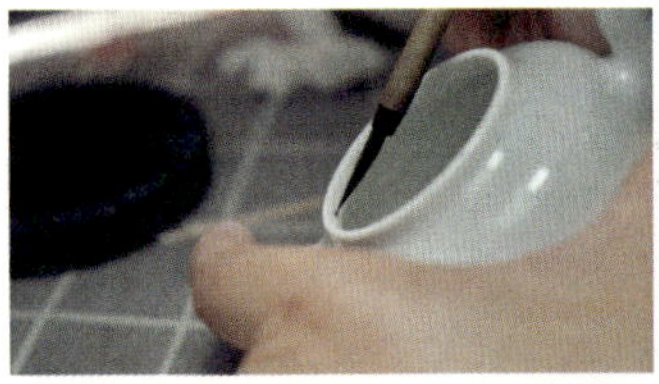

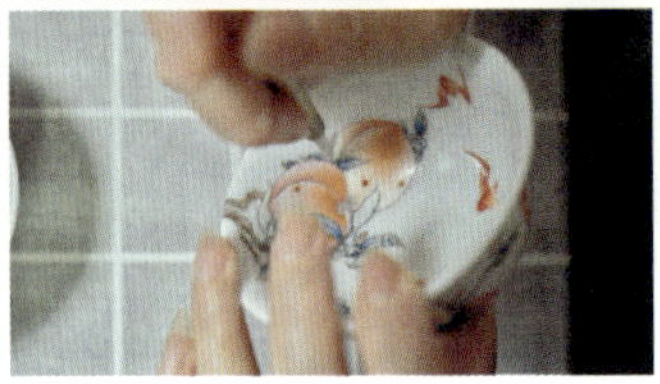
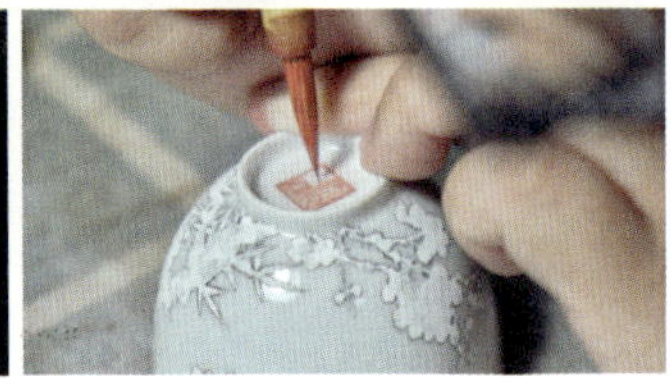

艺林堂的粉彩制作流程

艺林堂的生产研发部分为书法、填色、花鸟、走兽、人物、图案、山水、漆器 8 组，由每组的组长为每款产品绘制第 1 件样品，上色烧成之后，再由厂长以及主理人审查，通过即可分配组员摆在面前参照绘画。否则，样品需要重新设计、制作，直至通过。

1 墨线打稿：产量需求不多时，工人在瓷器内沿标记构图点位，直接在瓷器上绘制墨线底稿。当瓷器产量需求大时，手绘底稿采用“拍图”方法，即工人用墨水在既有画面上临摹线条，转印到可多次使用的转印纸上，再拍印至同型号器皿上。墨线打稿后，会形成图 2 中较淡的墨色层。**2—3 生料绘图：**在第一次烧制前，用生料勾画轮廓与平面图案。生料是用乳香油调和的“油颜料”，烧制后的色彩与烧制前没有太大差别。**4 填涂玻璃白：**在勾画好轮廓线条与生料绘图的基础上，填涂玻璃白（粉彩的填色颜料，主要成分为砷，烧制后会呈现乳白色的温润质感）使瓷器表面呈现凸起的立体感。**5 点染颜色：**用笔一点点在玻璃白上晕染开颜色，粉彩瓷区别于其他传统瓷的“色彩渐变”感由此得来。**6 填色：**行话也称“填水颜料”。区别于“油颜料”，水颜料用水调和，出现于生料之上，烧制前和烧制后的色彩效果完全不同。**7 写款：**用毛笔在瓷器底部书写瓷款。正式写款前，师傅需要在纸上反复书写练习，形成手感。**8 仿漆器错金银：**工人为艺林堂仿漆器产品绘制纹样。艺林堂仿漆器错金银瓷器使用自研釉料与粉彩技法，由主理人余寅主导开发，在瓷器上呈现漆料的质感，并用金银代替颜料，在瓷器表面点绘图案。**9—10 工人们的绘画工具：**除了画笔之外，还有用于过渡图案明暗面的“采笔”以及用于搓揉、调和颜料色彩的“料刀”。基本上，粉彩画工的每支画笔仅能蘸取一种颜色，不可混用。艺林堂遵循严格有序的手工标准，每款产品最多产出不超过 100 件，售完不再追加生产，以免过多的重复性工作让工人过于疲累。

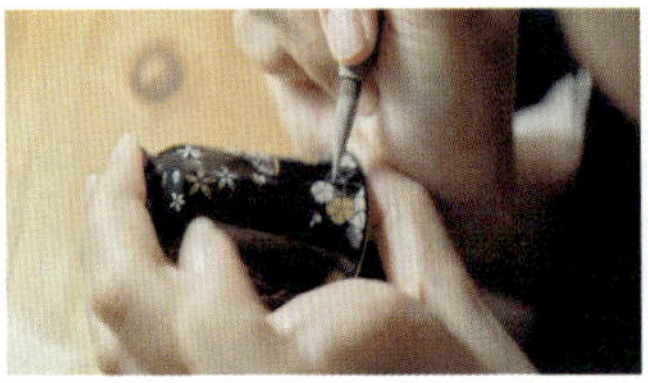
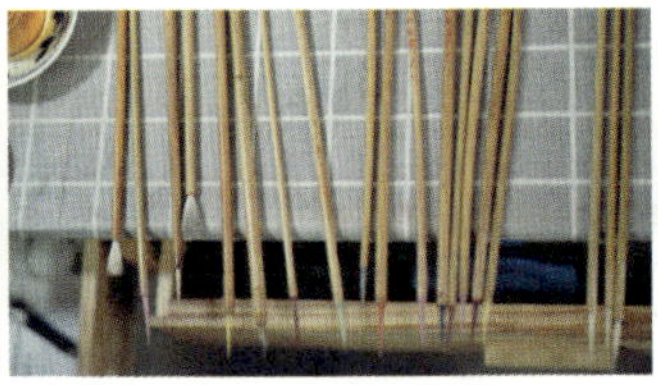
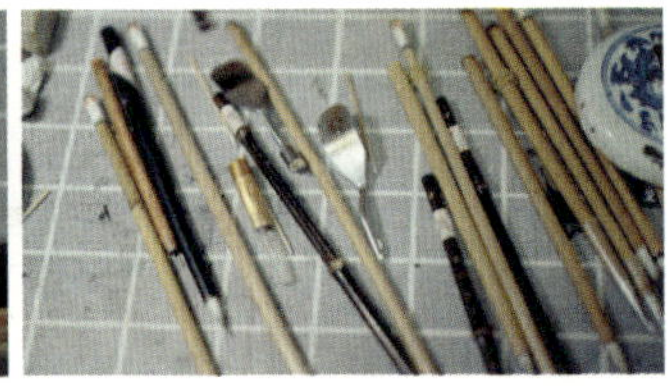

出500块钱，让师傅回家交差。

打卡条例公布后，有六七成工人都不同意。一些老师傅过去画了20年瓷器，没有打过一天卡，很难接受。这个制度推进了半年之久，余寅甚至为此放弃了与一些师傅的合作，“瓷器作品的生产标准相当于数字‘1’，后面的运营宣传都是‘0’，如果源头没做好，再多的‘0’也没用”。

“制瓷的很多环节，古人都为我们标准化了，今天我们只是根据不同的表现效果作细微调整。”余寅说，“制瓷不是不可预测的，工人不小心画错一笔也可以擦掉重画，没有那么玄乎。”

如今，艺林堂大部分产品由现代化的气窑和电窑烧成，在景德镇多代积累的生产经验的基础上，烧制温度与升温曲线都变得可控。加上规范化的生产流程与考勤，一旦某个绘画环节出现问题，组长都能在工坊里找到负责的工人，及时调整修改，降低废瓷率。

现在，艺林堂大部分产品的成品率可以达到70%至80%，除了专为复刻红炉烧制等“非遗”技法而开发的高端产品线“艺林堂志”。这一产品线从工具开始，几乎完整还原了清代御窑的生产模式，综合成品率相对较低，约为三到四成。

余寅和团队也在做“标准”之外的事情，包括研发新的工艺——仿漆器错金银。这是一种用瓷器仿照木质漆器的工艺，将瓷器上满黑或红色的底色，以真金真银绘制纹饰，跳出了古代瓷器崇尚的各种花鸟山水画面，“我们可以欣赏古画，但不能沉浸其中”。但是烧制这种“满地”（器身上满底色）的瓷器，往往会带来釉面崩裂、剥落的结果。艺林堂的设计研发团队只能不断尝试多种原料的配比，调整烧制过程中釉料的膨胀系数。

色泽也是一个难点。研发错金银时，团队通过加入玻璃白、二氧化硅等成分来调整光泽度，让瓷器看起来更有漆器的内敛光泽。景德镇的制瓷工艺成熟而分散，但艺林堂的色彩原料并不依赖随处可见的现成供应商。三代经营粉彩瓷，艺林堂有自己的色彩标准。“供应商往往提供成品料，而我们是从色粉，甚至是原矿等基料开始挑选，比如从各地捡来鹅卵石，制作我们的水颜料。”余寅说。

艺林堂错金银的纹样灵感来源于中国唐、清各个时代的工艺品纹饰，由设计师再次调整、创新。“今天的路易·威登也在做这样的事，利用经典的纹样，实现‘似曾相识’又有时代风貌的产品外观。”余寅说。艺林堂曾在景德镇瓷博会举办主题展览“向麦昆致敬”，余寅主导采用传统的釉上彩堆金工艺，做出了一系列绘有金色骷髅头的瓷器，那是时尚品牌亚历山大·麦昆的代表性设计元素。

不拘于传统的图案纹饰，艺林堂同时聘用景德镇陶瓷大学等高校毕业的年轻设计师，创作更具现代审美的产品。每一年，艺林堂的设计团队共同定下主题、主色调与元素。根据主题，设计师再基于各自的想法、不同的工艺延伸创作。2021年，他们以“新学博物”为主题，根据故宫等博物馆中的文物设计图案。2023年，艺林堂的新主题是描绘春天的“春和景明”。

在艺林堂，余寅也扮演着设计总监的角色，负责审定设计师们的大稿。他对设计师的判定标准是：具有自己的设计风格和语言，了解粉彩瓷工艺，同时也了解市场。

市场反馈帮助艺林堂设计持续翻新。2012年是个节点，在同年余寅正式接管之前，艺林堂的优势在于瓷板、花瓶等复刻明清器物的仿古瓷。从2012年左右起，茶器渐渐成为受关注的品类。起初市面上更多的是来自福建泉州德化县的茶器——量产、实惠。其后，瓷胎更细腻，工艺、画面更丰富的景德镇茶器多了起来，艺林堂也推出了适合瓷器“入门”与喝茶的产品线，用款识“艺林堂款”标记。

这类产品的设计更贴合喝茶的使用场景。“我们根据几大茶类设计造型：泡白茶和普洱会用到 150 到 170 毫升的大盖碗，外沿敞开；乌龙茶、岩茶用 90 至 120 毫升的小盖碗；绿茶的话，50 到 70 毫升的小杯子就可以了。”熊承文举例说。收集这些消费者偏好以及茶叶等相关行业的动态，是他所在的市场部的工作。他还会参加国际茶博会等展会，把握最新市场信息。

不仅为喝茶制瓷，2020 年，艺林堂也以仿漆器错金银工艺制作了雪茄缸等新品。市场部定期反馈信息，设计师持续创作。这样的模式下，艺林堂可以达到每月发布 2 次新品，每次包含 3 至 5 款的上新频率，属于上新速度非常快的景德镇瓷器品牌。

在不断更新的品类中，粉彩瓷依旧是艺林堂的核心产品，尽管比起其他名瓷，粉彩瓷工艺更加耗钱费力，但在余寅眼中依然有价值。它们用色浪漫，区别于前身工艺珐琅彩的高饱和用色，有着更含蓄的表现形式，能很好地体现“东方雅致”，也能与其他工艺、文化传统相结合、碰撞。

2022 年，艺林堂与龙泉青瓷传承人陈爱明合作，在茶叶末釉上，用艺林堂的独家工艺描金银来装饰。下一步，余寅计划开拓英国等海外市场。也许，这将为艺林堂带来更多变化。

（曹中对本文亦有贡献）

艺林堂的代表性产品“九桃五蝠”。“九桃五蝠”是瓷器史上经典的纹饰意象，由 9 枚桃子与 5 只蝙蝠组成，“蝠”同“福”，有着吉祥寓意。艺林堂持续更新其画面与工艺，例如在壬寅年（2022）的新九桃五福作品中，将工笔画法转变为没骨画法（不勾轮廓的一种国画技法）。

© 艺林堂

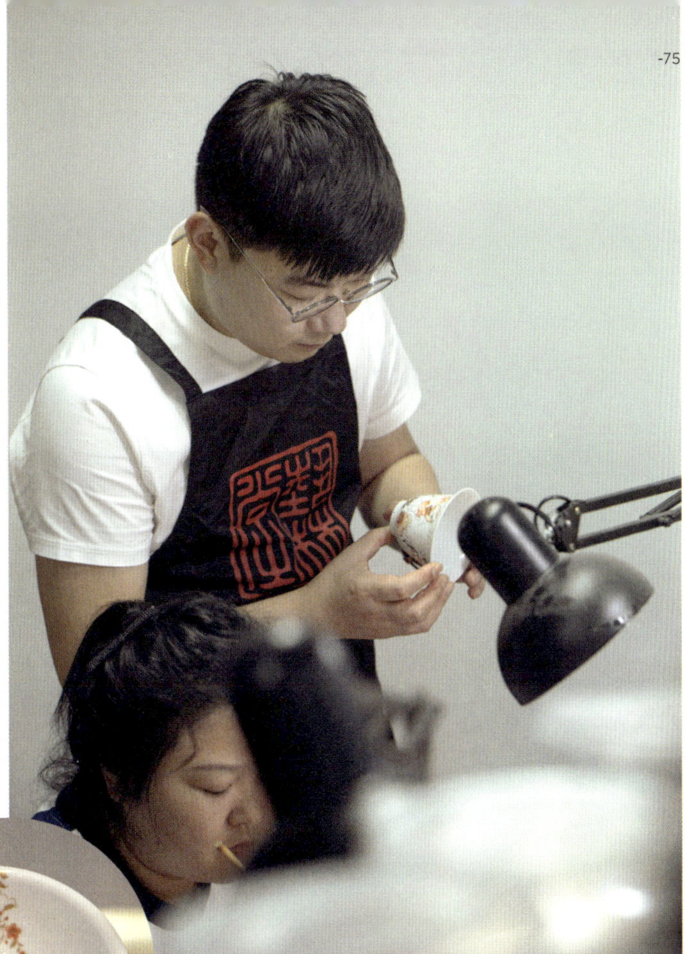

2 / ⓟ 艺林堂

1 / ⓟ 肖南

艺林堂的创新 point

1. 将制瓷环节以现代管理方式标准化

2. 从源头研发原料，在此基础上开发新的工艺

3. 与现代灵感结合，开发新的纹样与产品

4. 根据市场反馈推出符合不同需求的产品线

5. 市场部与设计研发部门联动，提升“上新”效率

1 艺林堂·麦昆之思绿茶碗。这个作品属于 2015 年余寅主导创作的梦境系列，向英国设计师亚历山大·麦昆致敬，采用了堆金等釉上彩工艺。

2 艺林堂第三代传承人余寅，2008 年加入艺林堂学习，2012 年正式接手艺林堂，改换原有仿古款识，推出“艺林堂款”。

矿泉水瓶

谷雨山房以单色釉仿古瓷成名，
色泽温润。

text
/
邢梦妮

interview
/
钟恩惠

photo
/
谷雨山房

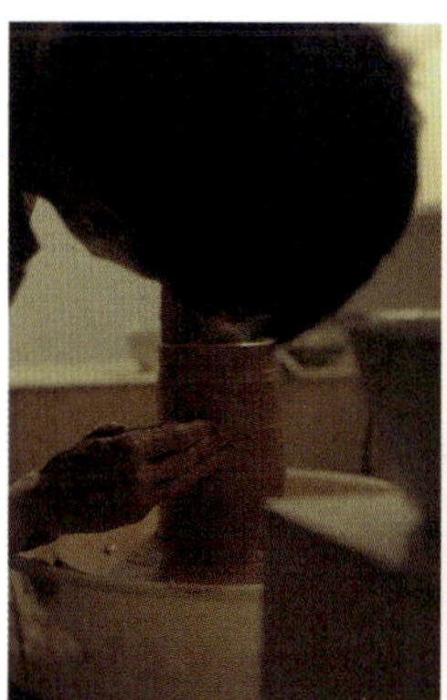

重新演绎古瓷器

在景德镇，“单色釉”是一种颇有渊源的技术。有不少窑口研配出各种漂亮的颜色，形成各自的品牌风格。

像谷雨山房，就在豇豆红单色釉瓷器研发中立起了名声。豇豆红是一种清代康熙晚期出现的铜红釉品种，通体呈温润的红色，为官窑皇室贡品，烧制难度大，传世数量稀少。目前，谷雨山房处在尝试构建齐全的单色釉体系阶段，复刻传统单色。“就像大英博物馆的藏品那样。”谷雨山房创始人徐柯形容说。

其实窑口们作单色釉研究，起点来自“仿古瓷”这一市场需求。景德镇仿古

谷雨山房的颜色釉制作流程

1 2 3 4 5 6 7

谷雨山房的生产流程较为直接，主理人徐柯有很多亲力亲为的环节。

1—2 器形设计和拉坯：研究古代名瓷，根据现代使用场景改良器形，徐柯不画图纸，直接制作器形。**3—4 上釉：**先在素白的瓷器上蘸釉，等干了以后，师傅们再吹一层釉——要靠吹气小心控制釉体的薄厚。接触底板的杯底会先上釉，干了之后再上其他部位的釉。**5 烧窑：**谷雨山房烧制气窑，徐柯认为这一步难以科学量化，有运气和经验的成分。**6 写款：**质检出窑的瓷器，合格品会由师傅写上底款。**7 完成。**

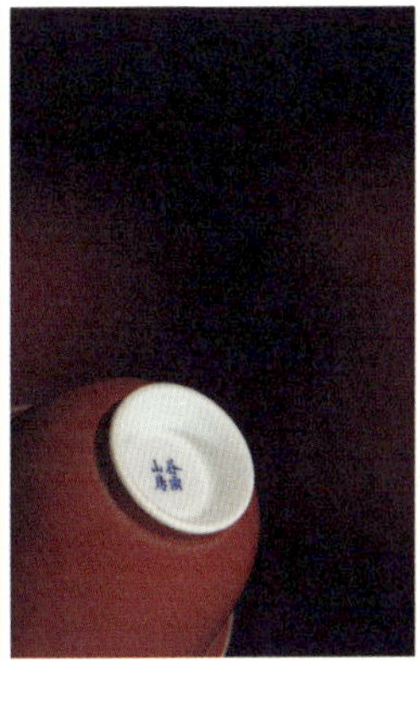

谷雨山房的创新 point

1. 研究和学习古代的器形，结合现代生活，做新的设计提案
2. 不断测试釉料，在得到合适、稳定的颜色之后，形成自己的产品线

瓷的历史可以追溯到明清两朝，皇帝指名御窑厂仿照前朝烧制名瓷。据广州艺术博物院研究员黎丽明研究，仿古瓷、手绘彩瓷是民国时期景德镇两类主要的高档瓷器。

“樊家井”号称景德镇的仿古瓷一条街。自 20 世纪 80 年代国营瓷厂改制以来，许多陶瓷从业者看中樊家井靠近火车站、交通便利的优势，就在这里租地方专门做仿古瓷生意。

十年前，说到仿古瓷，你可能会以为都是些假货。但这种风气正在改变，近几年，越来越多的窑口想要“做品牌”。徐柯和他的品牌“谷雨山房”就是其中之一，专注于做茶器，以单色釉仿古瓷著称。

徐柯是江西上饶人，父亲爱好古玩茶具，他因此报考了景德镇陶瓷大学，入学后和学校前辈们一起做茶器订单，一做就是三年，一般一次接 1000

谷雨山房以豇豆红系列最为出名。豇豆红是清代康熙年间独创的高温铜红釉，因为窑变不可控，釉色会呈现出红色豇豆长到成熟的色阶渐变和斑驳而因此闻名。横图从左至右红色渐深，谷雨山房将它们分别命名为“娃娃面”“桃花片”“美人醉”和“大红袍”。清末古陶瓷专家刘子芬在《竹园陶说》中记载：“美人醉为豇豆红之淡粉色者，苹果绿亦豇豆红之窑变，三者本为一类。红釉入窑随火力而变化，色纯无稍变，露如豇豆之红润者，为豇豆红；于红釉中喷散绿雾或苔衣成片者，为苹果绿；白如肌肤，红如酒晕，容光艳冶若醉后美人之颜色者，为美人醉。”

套，500 套都是他个人完成的。当时景德镇仿古瓷的名声不太好，常有从业者用赝品冒充真品售出高价，大部分学生偏好去“做创作”，老师也不支持大家做仿古，但徐柯有别的想法。

2010 年前后，一股茶文化浪潮袭向了景德镇。茶文化推广者李曙韵从中国台湾来到北京，开设茶艺培训课程。徐柯记得，杨德昌执导的电影《一一》里有一幕是主人公去知名茶艺馆“紫藤庐”喝茶，他们用了当地仿古名窑晓芳窑的陶瓷茶器，沏茶手法类似潮汕功夫茶，也用“公道杯”分茶。徐柯看到了瓷器和茶器结合的机会。

陶瓷仿古主要仿制技法、器形和成色，老派的仿古瓷从业者特别注重工艺。“我不可能做到跟老的（瓷器）一模一样，毕竟我们做的陶瓷是产品，所以只能说我去提取这个老器物一些很好的特征，尽量去接近它。”徐柯解释说。谷雨山房的品牌定位并不是“仿古茶器”。

谷雨山房主打天然材质的陶瓷茶器，主张器物要实用，要融入日常生活，所以定价不太高。在徐柯看来，大家之所以仿古，是因为古代名瓷的器形和成色的审美能经住时间考验。如果茶客喜欢研究器物，又讲究审美，就会喜欢仿古茶器。

豇豆红是谷雨山房单色釉仿古瓷的成名作。重现单色釉瓷器时，徐柯做了两件事，研究和学习古代的器形，甚至重新设计，另外就是找“古料”，找到接近过去配方里的天然矿石，也就是“原矿”。

选择合适的器形是仿古第一步。景德镇所有官窑每个时期都会有标准器形，每个学陶瓷的都会设定学习范本，在拉坯时照着做。比如说若深杯是康熙年间就有的器形，这种细瓷小杯口沿设计独特，盛满热茶也不烫手，是流传至今的常见茶器，因此徐柯把它列为经典基础款。

另一条路子是研究古代名瓷，但器形不能完全照搬。徐柯通常会根据当下大家喝茶的流程，调整器形，放大、缩小，甚至重新设计。

谷雨山房出品过一款安古盖碗，是徐柯根据明代瓷器改良而来的，在原有的器形上追加了一个碗盖，适合喝茶时“出汤”。宝莲壶承

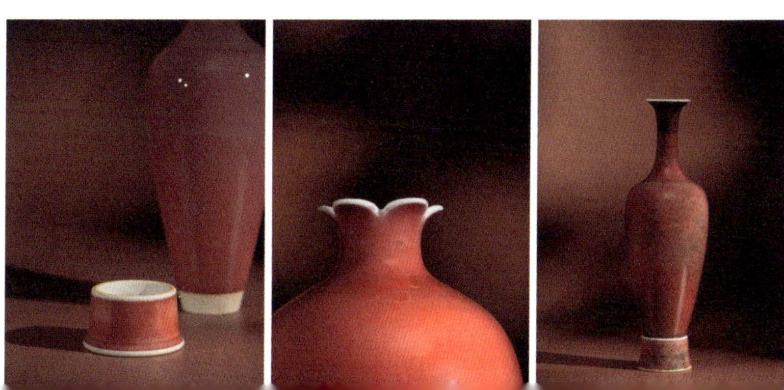

在器形上效仿了杭州博物馆宋代的釉里红瓷器，徐柯把它重新做成了豇豆红，烧制时内外都上釉，2022 年时非常受市场欢迎。

天然材料是谷雨山房坚持的一条路径。大学创业时，他开始接触景德镇工艺圈，发现传统原料很简单，就是釉果、釉灰、高岭土几种材料组合。一个普遍规律是，明代、清代官窑用的釉，釉果含量更高，民窑可能会用差一些的釉果，放很多釉灰。釉果打底烧出来的釉材质感更好，光泽感更温和。

景德镇很多仿古专家会用"土办法"，寻找和古代名瓷很接近的材料——这

徐柯
毕业于景德镇陶瓷大学，2013 年创立谷雨山房，
品牌以单色釉、形制设计、成型工艺立名于景德镇。

种材料被称为“古料”；而日本和德国则倾向于分析瓷器成分，配置化学材料。两种方法各有长处，都需要经验丰富的师傅摸索。

得益于徐柯的人脉，找釉料倒不难。他瞄准的是天然釉料的原始矿，和原料批发商和仿古瓷从业者保持交流。徐柯有个做元青花仿古瓷的朋友，就会先囤材料，用不完的再让给别人——这也是工艺圈的惯例。

釉料不是越贵越好，测试就需要两三个月。徐柯也要碰上好运气，才能烧出想要的质感。他自认为比较看缘分。釉料用完后，他就得找其他矿替代，研发新品。

对于做颜色釉的谷雨山房来说，上釉是门技术活，难度不在绘画装饰之下。谷雨山房试验釉料的方法很常见：先在素白的瓷器上蘸釉，等干了以后，师傅们再吹一层釉。由于产品大多坯体薄，因此上釉会耗费更多人力和时间成本。徐柯曾经仿过乳浊釉，上釉方法非常复杂，釉料层层叠加，烧制前后总共要重复上七八次釉。这也导致谷雨山房的生产成本高、生产周期长，一窑烧下来，平均半数瓷器会折损，如此一来，每次产品研发至少要花半年时间。

釉的颜色也不能一成不变。徐柯会参考传统的宝石色彩釉料，响应市场反馈而调整。最近，他就在研究霁蓝釉，器形会做得更中正，试图借此打开男性市场，而豇豆红、窦青（谷雨山房独创命名的颜色，一种深蓝色）单色釉会主推给女性消费者。

豇豆红是一个更成熟的例子。烧制是单色釉生产管理上的大难题。因为天气状况、烧窑温度、上釉薄厚、原矿材料等种种不可控因素，徐柯因此不能左右成品色差，更无法大规模量产出标准的单色釉。所幸在销售过程中，他发现每个人喜欢的颜色不一样，有的客户会留言要“颜色淡一点”，参考清末古陶瓷专家刘子芬在《竹园陶说》中对豇豆红的说法分类，他干脆按颜色分出了“桃花片”“美人醉”和“大红袍”三条线。

有时，颜色釉面临的挑战未必是原矿材料稀缺或生产水平不够，而是如何影响顾客的认知。谷雨山房曾出过一款宣灰青釉，仿制宋朝汝窑的天青单色釉器皿。徐柯这么描述灵感：“我们想表达，当下这样的工业化时代，可能很多地方的天空已经没有以前那么蓝了。”

他认为，瓷器很多颜色与器形是从大自然化用的，比如湖水和竹子的青色、晚霞的红色——宋朝时制瓷者既然能想出“天青色”这种表达，那很有可能当时的天空更澄澈，“我觉得这样子更好玩”。

市场和徐柯的审美有时也会出现分歧。悠游盖碗是徐柯的得意之作，器形呈斗笠状，线条流畅，钮也很小，比例协调。但他也承认，这个器形在喝茶时不太好用，而且整个市场目前都不太认同他追求的“手工感”。茶器圈的要求格外高，如果面向茶器圈销售带有手工痕迹的陶瓷，客户看到黑点、泥纹，只会认为收到了残次品。

现在，谷雨山房雇佣了 25 名员工，维持着家庭式的工作坊形态，每个关键环节由一人把控。一年产出几万件产品，单个品类就做 500 个左右。单色釉成色不稳定，加上茶器是难以量产的非标准化产品，谷雨山房暂时没有扩产计划，但之后他也考虑组建研发团队，走出茶器圈子，研发更多家居类的生活器物。

徐柯慢慢从“做仿古瓷”这件事中找到了成就感。“好像你拿了一本武功秘籍，你练会了，得到了屠龙刀。”他把景德镇想象成一个江湖，他在“圈子”里得到越多认可，就得到越多乐趣。

#白围裙

*#白围裙的故事#：清嘉庆年间，一位包装瓷器的工人（菱草工）为了向统治者争取工人的利益被迫害至死。此后，菱草工为了纪念他，工作时一定会穿上白围裙。后来，这个白围裙的风俗也延展到景德镇其他制瓷行业。

Ⓟ 潘凌

走！
去景德镇学艺

1/ⓟ 肖南

text
/
曹中
林洵
杨楚佳
刘家怡

photo
/
肖南
潘凌

王其林（1）已经从他的师傅占绍林（2）那里出师。他们这种师徒授业生产关系，曾经是景德镇庞大传统陶瓷工业的一个坚实的组成部分。

2／ⓟ 肖南

1
拜师与出师

王其林清楚地记得，2013 年 9 月 18 日，21 岁生日那天，自己请师傅占绍林吃了一顿饭。明面上那是一场“谢师宴”，但师徒二人都心知肚明，这其实是一顿“告别饭”。王其林说，在景德镇学徒的人，如果在拜师满整年的日子请师傅吃饭，就代表徒弟准备“出师”，离开师傅独自闯荡。

2011 年，刚刚高中毕业的王其林面前有三条路：读大学、学手艺、当兵。家里人更希望他学一门能吃饭的技术，景德镇是一个不错的去处——王其林的叔叔、伯父都在景德镇做陶瓷，这里离老家上饶也不远。

那个时候，占绍林已是景德镇三宝村颇有名气的拉坯匠人了。三宝村聚集了不少他这样的手艺名家。经家人介绍，王其林给占绍林交了 1 万元学费，办了仪式，正式拜入师门。那时王其林年纪已不算小，他的一些师弟初中都没毕业就来了。而对占绍林来说，因为要负责学徒吃住，这 1 万块钱更像是一种约束青春期少年的手段。

两年学徒期间，学艺主要靠观察。王其林从没有听师傅说过“我来教你一招”这样的话。如果自己勤劳一点，师傅看在眼里，便会多加指导，“如果师傅根本看不到你做事，他也不会教你”。

王其林是占绍林“转型”后收下的第一个徒弟。那个时期，占绍林正在从靠“吃百家饭”为生，转向自营工作室的模式。在景德镇，“吃百家饭”指的是师傅带着徒弟去各个工厂或作坊接外包订单。这是个依赖分工的行业，大多数时候，一组师徒团队只负责庞大制瓷工序中的一个环节。而一旦决定选自营工作室这条路，就意味着师傅要懂整个制瓷流程，从调配原料、制作器形，到上釉上色、烧制，每一道工序都需要师傅把控。

师傅选择转型，这对王其林既有好处，也会让他失去一些东西。他没法专精拉坯这一门手艺，但有机会接触整个制瓷流程。王其林迄今都记得自己学

传统师徒制参与手工生产的模式

1 客户发订单
↓
2 工厂主找外包
↓
3 各个环节的手工艺人
师傅与 2—4 个徒弟组成师徒团体接单

资料来源：根据采访整理

曾经的师傅是老师，是老板，也是家长。而现在，师傅们很难再身兼多职。

徒期的一个“大单”，那是他第一次感受到什么叫“专业”，也深切理解了这个行业的分工协作属性。

那是他拜师大约一年左右，客户要求占绍林一周内做出 1400 个薄胎青瓷手工杯。占绍林召集了王其林的师兄弟、师叔共 6 位拉坯匠人，计划一晚上完成 1400 个杯子的开坯成型。拉坯是瓷器成型的第一步，相当于给器皿打一个“初稿”。当时王其林拉坯还处于“东拉一下，西拉一下”的水平，而其他 5 名匠人常年在外做工，尽管习惯各不相同，但制成的 1000 多只杯子“看起来一模一样”。

拉坯的下一个环节叫利坯，要修整拉坯制成的器皿。利坯并非占绍林团队的强项，他需要将这一环节外包给其他作坊。薄胎青瓷对利坯这一工艺要求较高，需要将拉坯制成的厚坯修薄、修连贯。即便是熟练的利坯匠人，一天也只能修 20 多个。占绍林开出了当时市价四五倍的价格，请了一些利坯匠人来自己的工作室，也将一些器皿送到别人的作坊，这才按时完成了利坯这一流程，从而保证后面各项工序按计划完成。

在景德镇，学徒一般要三年才能出师，这是行内默认的规矩。但三年也不是什么硬性标准，而是师徒之间的“君子协定”：第一年帮师傅干杂活，第二年学手艺，第三年才可能独当一面。在古老的传承关系里，师与徒既有情分，也有利益关系。对于徒弟来说，师傅是把“吃饭的家伙”传给自己。而对于师傅来说，收徒弟不仅是要传承自己的技艺，也是在培养可支配的劳动力——一位合格的大师兄，不仅可以帮师傅处理工作事务，还可以带新进的师弟师妹。

这种师徒关系在景德镇代代传承。打破这种亲密人际关系的方式常常是更加精密、大型的现代组织，比如国营的厂子。20 世纪 50 年代开始，一些国营瓷厂开始实行以工资等级为基础的计时工资制。按照职员、技工、工人、学徒等类别把员工分为 4 大类，每类又分若干等级。不同等级的工作人员能拿到的工资不同，学徒能拿到的工资最低。在厂里，职级晋升需要经历考核，人才培养体系也相对较为完善。这时，劳动关系代替了师徒关系，铁饭碗虽然会纵容“躺平”，却也让人才更加安定。

而在私人作坊里，出师与否有时并不在于徒弟技术是否学到位，而更有可能取决于用人市场。1994 年，初中还没毕业的占绍林从家乡鄱阳县来景德镇跟自己的叔叔学习拉坯，学了一年半就外出赚钱了。“我那时候学的手艺要是留到现在来出师，会没饭吃，因为手艺太差。”占绍林说。那正是国营瓷厂纷纷关停的时期，几万制瓷工人下岗，技术好的手艺人远走他乡，景德镇缺少年轻劳动力。但属于他的机会来了。

2 三条路

1995 年成立的三宝国际陶艺村，吸引了前来驻地创作的各国艺术家。全国各地赶往景德镇做毕业设计的大学生也带来了当代的陶艺思想。从叔叔那里出师之后，占绍林一边“吃百家饭”，做传统的高仿陶瓷，一边接触一些“新颖的东西”。有些艺术家或学生需要拉一些特殊器形，拉坯匠人不敢接手，占绍林却要试试。从那时开始，他的客户逐渐扩展至艺术家和高校学生、教师。

在几十年的摸索中，占绍林掌握了一项自己的独门绝活。按照传统技法，制作体积较大的物件时，拉坯匠人常将坯体分成多段，依次制作完成后再合为一体。这样的作法会让接口处凹凸不平，甚至开裂。占绍林研究出一次性拉坯成型的手法，这需要拉坯匠人合理分配瓷器各个部分的用泥量。这种拉坯方法省时、省材料，烧制的成品率也会相应提高。凭借这门手艺，他得到了不少高校老师和艺术家的认可，经常去全国各个高校教学演示。

占绍林意识到，“吃百家饭”并非能长久做下去的生意。根据订单需求，需要的工作量不同，收入也受行情影响。用他的话来说，“吃百家饭”是“有肥肉吃，也有瘦肉吃”。接外包的匠人往往计件收费，今天东家要求的造型简约，一天能做得更多。而到了明天，客户要求的造型复杂一些，收入就不那么可观了。

徒弟出师后的三个方向

1

接外包订单
俗称“吃百家饭”

#优势
计件收费
根据能力可能收入更高
#挑战
收入不稳定
受行情影响大

2

为工厂/作坊打工

#优势
领取固定薪水
比较稳定
#挑战
大型企业较少
晋升空间较小

3

自营工作室

#优势
有自由发挥的空间
#挑战
需要参与产品生产、销售全环节

资料来源：根据采访综合整理

占绍林研发出一次性拉坯成型的手法，得到了业界的认可。

© 肖南

到了 2010 年，以安徽西递村、宏村为代表，全国出现了各种各样的写生基地，接待各个高校艺术类专业的研学需求。占绍林看到了机会，想要将做教学的经验运用起来。2011 年 7 月，占绍林从朋友手上接下了还剩几年租期的场地，在三宝村开办了自己的工作室，命名为“占绍陶艺实践基地”，开始承接各地艺术类院校研学业务。

陆陆续续，全国各地一些高校的大学生出现在占绍林的工作室里。现在，实践基地已经升级为“陶艺职业技能培训学校”。这栋 6 层的楼里挂着几十个写着“陶艺实践教学基地”的牌匾，其中能看到中央美术学院、中国美术学院、鲁迅美术学院这样可以归属在中国“八大美院”的名字。2019 年，这里共接待了 4 万人次前来研学的学生。

在占绍林门下学艺，王其林有一项宝贵的收获——他早早接触到了当代艺术。有一次，大学里的一位老师带学生过来实践，那位老师将雕塑的语言加入到陶瓷制作中，这给了王其林全新的认知。从那时起，他的想法就和准备出师后“吃百家饭”的师兄弟不一样了。

还没出师时，王其林和一位关系不错的师弟就在湘湖村租了一个约 30 平方米的店面，月租 500 元。湘湖村正是景德镇陶瓷大学所在地，有艺术创作氛围，聚居了不少来景德镇学艺追梦的年轻人，距离三宝村有十几公里。王其林下午四五点钟从师傅那里去自己的工作室，利用晚上的时间做一些自己的东西，半夜再回到师傅那边休息。

有时候，王其林会偷偷出去给别人加夜班。开茶具店的老板会给一袋泥巴，让他一晚做 100 多个杯子。他也不要钱，因为“觉得自己手艺不够好，会浪费别人的泥巴”。还是学徒的王其林拉出来的器皿不够标准，能交付给老板的成品并不多。

出师之后，王其林将工作室搬到“老厂”，也就是现在的 798 陶艺记忆文化街。他跑各种展销会、陶瓷博览会，认识了一些来自浙江、山东、云南等地的客户。那时候订单比较多，王其林像“倾尽所有一样”，每天从早到晚都在做陶瓷。

“吃百家饭”的手艺人不用考虑产品设计和

© 肖南

聂斌从叔叔那里学徒出师之后，在景德镇当地的谈窑找到了一份稳定工作。谈窑有一个完整制瓷团队，可以自己生产产品。

销路，完成制瓷工艺中的一环即可。受到认可的手艺人不用自己找客户，在景德镇积累的人脉会让手上不缺订单。多的时候，每个月只能休息两三天。而自己开工作室，不仅要面对同行之间的竞争，也要面对客户的压力。王其林选择开自己的工作室，是一个颇具勇气的决定。他有 100 多个师兄弟，留在景德镇的 40 多人里，只有 4 个人现在还在经营自己的工作室。

景德镇本地人聂斌在出师后选择了更为稳妥的一条路。从占绍陶艺职业技能培训学校出发步行 3 分钟，即可到达茶器品牌“谈窑”的私人作坊，聂斌就在那里工作。

聂斌的叔叔曾经是国营瓷厂的利坯工人。国营瓷厂改制后，叔叔先是“吃百家饭”，后来和婶婶搭伙，再加上几个徒弟，做起了白胎生意。白胎是上过釉的不带纹样的瓷器，可以直接当做瓷器成品使用，也可以在其上绘制釉上彩。

2005 年聂斌高中毕业，就跟着叔叔学习利坯手艺。刚开始，聂斌只能为师傅磨磨利坯刀。对刀熟悉后，他就可以上陶车，帮师傅打打下手。先从“利头坯”开始——将坯修到尺寸、高度大致符合要求，再由师傅精修。当自己手头的事情做完，聂斌就去师傅的陶车前观察，想象要是自己来做，会如何下刀。

熟人带熟人，亲戚带亲戚，这是自古以来师徒传艺的普遍情况。占绍林回忆自己学徒时，有一次看别的匠人拉坯，那人直接停下和老板说：“把这小伙子赶走，他不走我不拉了。”20 世纪 70 年代的时候，国营瓷厂也实施过“带子传艺”的制度。手工生产车间的在职员工可以带自己的子女进厂学艺，拿到“正式编制”。

聂斌在学徒三年之后选择继续留在叔叔的工厂打工，“在叔叔那里可以学到东西，在外面就不一定了。”聂斌说。直到第五年，自己做的东西才可以卖钱。从那时起，师傅开始给他发计件工资。

随着叔叔年龄增大，厂里的产量逐渐减少，聂斌不得不寻找新的出路。2012 年，师兄把聂斌介绍给了如今谈窑的老板谭小保。聂斌的师兄是谭小保的小舅子，在谈窑，有一个完整的制瓷流程团队。

在谭小保手下做事，聂斌每个月能拿到固定工资。相比于计件，他更希望有稳定的收入。现在他每个月能拿到 1 万多元。他的妻子也在这里工作，负责绘制青花。他们的收入足以还房贷、抚养孩子。谭小保没有给聂斌制定月度目标，以聂斌的手艺，朝九晚五就能把安排的活都干完。

根据景德镇市统计局的数据，2019 年景德镇陶瓷企业有 6956 家，年营收超过 2000 万元的企业只有 96 家，剩下的为中小微型企业或手工作坊。在这些企业和作坊里，多少会存在用工不规范的行为。

聂斌说，能不能做他这样拿月薪的工作，还是取决于企业或窑口的老板。尽管疫情期间作坊订单受影响，谭小保也没有减少自己的工资。他觉得自己要“懂得感恩”，甚至拒绝接外头的私活。

3
到学校去

如今，占绍陶艺职业技能培训学校里，不仅能学到拉坯成型，还能学习浅浮雕刻、釉下青花、釉上新彩等技能，学校里甚至有自己的窑。占绍林说，现在带徒弟和自己学徒时不一样了。以前，每个人只学一道工序，每道工序一个人干一辈子。他说：“现在如果只学拉坯，你的路会很短很短。”占绍林希望自己培养的徒弟不只是手艺人，还要是艺术家。

谭瑞江 2023 年 6 月从广西的一所大学毕业，5 月时，他刚成为占绍林的徒弟。他的专业是工艺美术，会接触到木雕、家具设计等门类。大学里有一门课程是陶艺基础，他发现做陶瓷是他最爱的方向。

谭瑞江记得，有一次课上，老师演示拉坯做碗，示范到一半碗就塌了。老师来教室布置作业，只规定拉几个、拉多高，“全程都是自己练”。谭瑞江觉得在陶瓷领域，景德镇的资源最好，于是想要来景德镇发展，本科老师介绍他认识了占绍林。他向家里要了7000 元的学费，想要在这里学习三个月。这三个月里，他平均每天要练习拉坯 6 个小时左右。

谭瑞江原本计划在景德镇谋一份陶艺老师的职位，但他的求职之路并不顺畅——“景德镇根本不缺陶艺老师”，助教的工资只有每月 2000 多元。找不到满意的工作，谭瑞江决定和占绍林聊一聊，希望老师能给他推荐一些工作。占绍林也觉得他基础不错，决定让他做自己的徒弟，也负责学校里的教学任务。

2015 年，占绍林在国家人社部的支持下成立了国家级“占绍林技能大师工作室”，所以从另一个角度来说，教学培训也成了他的一项“社会责任”。占绍林现在很少带徒弟，教学活动主要以“高级研修班”的名义开展——这是个为期 10 天的课程，学生缴纳 2680 元学费即可参加。

谭瑞江 8 点半上班，要安排学生上课，也要帮忙搬运货物，有时还要帮忙拍摄视频，写写宣传文案，练手艺只能等到晚上。他不需要再缴学费，但自己需要在外租房。他说，现在还需要父母的经济支持，但下个月就自己拿工资了。谭瑞江和师傅约定三年出师，他希望以后能回家乡做陶艺培训。在师傅这里“以工代学”，也是为今后自己的事业铺路。

出师十年的王其林也有了自己的徒弟，其中有陶大研究生，也有在北京工作的陶瓷爱好者。他和徒弟的关系和自己学徒时已然不同。传统的师徒关系讲究“一年三节”——春节、端午节、中秋节——时给师傅送礼。

景德镇那么多陶瓷企业，小微公司占据多数

	2010	2011	2012	2013	2014	2015	2016	2017	2018	2019
企业数量（个）*1	3000	3485	5000	5806	6325	6451	6523	6773	6821	6956
规模及以上企业*2数量（个）	112	75	62	67	69	72	83	87	90	96
占比（%）	3.73	2.15	1.24	1.15	1.09	1.12	1.27	1.28	1.32	1.38
从业人员（万人）*3	15	10.65	10	13.3	11.1	11	11.87	13	13.1	15

资料来源：景德镇市国民经济和社会发展公报，景德镇市统计局

*1：企业数量含陶瓷生产、销售企业。*2：规模及以上企业指主营业务年收入在 2000 万元及以上的企业。*3：从业人员含陶瓷生产、销售以及其他辅助人员。

ⓟ潘凌

1 2 3 6
4 5

而他说自己不在乎这些“形式主义”，和徒弟“更像是朋友的关系”。

近三年，王其林都没有再一对一地带徒弟。2019 年，他与乐天陶社教育中心签了合同，成为他们的兼职老师。每年的 2 月、4 月、8 月、11 月，他都会在那里教授为期三周的拉坯基础课。即便有人在社交媒体上找他拜师，他都会建议对方去乐天陶社报名他的课程。在乐天陶社的系统里，课程表会精确到每个半天，王其林不需要像以前他的师傅那样对学生“诸事负责”。每年，他只需与几十个学生建立短暂的师生关系。

王其林曾经待过的湘湖村里，如今仍然到处都贴着“承接大学生毕业设计”的招牌。接受科班教育的学生们在毕业时仍然需要手艺人帮忙完成作品。一些不满足于大学教育的学生会来到手艺人这里学习传统手艺，一些手艺人也愿意去大学进修，补足自己的理论短板。“一日为师，终身为父”的师徒关系，正在慢慢变化。

王其林已将工作室搬到了雕塑瓷厂，就在乐天陶社主楼和教育中心的中间。他主要接小规模的定制，也做做自己的“小实验”。他说，自己更享受一个人做东西的状态，所以既不请工人，也不用学徒帮工。他和女友给工作室起了个名字，叫“一口器”。

“这是我的符号、品牌和野心。”王其林说。

1—3/5—6/ⓟ肖南 4/ⓟ潘凌

1—3 王其林如今的工作室开在雕塑瓷厂，除了有个可以展示给顾客们看的工作室兼作品展厅外，他还有了个自己的窑口。

4—5 占绍林和教学团队在他的陶艺学校教授拉坯成型、浅浮雕刻、釉下青花、釉上新彩等各种技能，学校里甚至有自己的窑。

6 谭瑞江从占绍林那里毕业后，在师傅那里“以工代学”，他希望以后能回家乡做陶艺培训。

潘凌

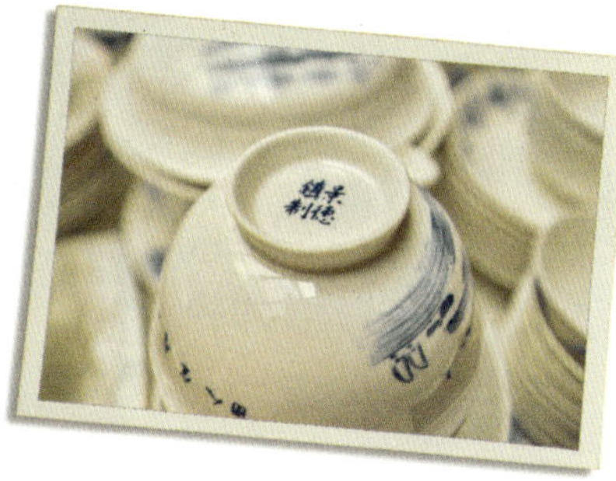

text
/
肖涵予
杨楚佳

Made in 景德镇?

photo
/
Fabian Ong
肖南
赵慧
唐铁

1 2
3 4
5 6

1/3/© Fabian Ong 2/4/© 肖南 5/© 赵慧

买东西留意品牌与产地是大部分现代人的消费习惯，对于瓷器来说，这些信息通常被写在器物底部的款识上。

也许是受皇家文化的影响，写有“景德”二字的底款曾经有着特别的意义。北宋景德年间，宋真宗喜爱新平上贡的精致瓷器，带起一股风潮，底部标记着“景德年制”的瓷器随之受到民间追捧，甚至“新平镇”也在人们口中变成了“景德镇”。之后，明、清政府在景德镇设立御窑，生产专供皇家的精品瓷器，“景德镇制”也成为陶瓷最高工艺的代表。

十大国营瓷厂再次放大了“景德镇制”的影响力。新中国成立后，景德镇各私人作坊合并为多个国营陶瓷企业，统称为“十大国营瓷厂”，制作销往国内外各地的高质量陶瓷产品。一段时间里，各国营瓷厂的名字却不被直接写在底款上，而是由“中国景德镇+字母”的组合指代，字母则是各工厂的代称。不同的厂名、工艺、高超的技术，都可以被“中国景德镇”五个字概括。

以往，景德镇陶瓷的优势很直观，因为它们会出现在博物馆里、国宴餐桌上。根据景德镇十大瓷厂陶瓷博物馆记载，作为大宗出口商品，景德镇陶瓷曾在 20 世纪 50 至 90 年代，带来年均约 3000 万美元的外汇。

如今情况发生了变化。国营瓷厂改制后，散落在景德镇的大小民营陶瓷企业、窑口开始使用自己的底款，重新建立品牌标识与生产标准。高度概括的“景德镇制”被拆解了，它既缺少御窑厂、国营瓷厂那样紧密协作的生产集体，也没有一个突出且有辐射力的代表性品牌。

在日用瓷领域，景德镇正面临被潮州等产瓷区赶超的局面。2021 年，根据《南方日报》的报道，主要经营日用瓷的潮州，其陶瓷工业总产值为 562 亿元，超过了同年的景德镇。《江西蓝皮书：江西经济社会发展报告（2022）》显示，2021 年景德镇的陶瓷工业总产值是 516.2 亿元，其中日用瓷产值 165.5 亿元，低于艺术瓷产值。

1—6 新中国成立后不久，一些带有篆书底款“景德镇制”的瓷器出现在市面上，但已无法确定最初由谁设计、使用。之后，随着景德镇十大国营瓷厂的建立，出现了各种带有“景德镇”字样的瓷器，代表着中国制瓷的高标准。这个时期的瓷因为多生产于 20 世纪 50 年代、60 年代、70 年代，因而被称为“567 瓷”。今天，“567 瓷”依然有很高的收藏价值。此后，景德镇出现过各种底款，但人们早已分不清它们各自的品牌价值了。

与日用瓷相对应，景德镇工匠们制作的艺术瓷精致、量少、价高，它们往往流转于收藏领域，与大多数消费者保持着距离。更坏的情况是，一些商人曾利用景德镇工匠的手艺，将仿古瓷当作文物倒卖。在陶瓷文化研究者涂睿明推出的一个对谈节目中，景德镇窑口“倚云煮泉”的窑主李云就分享过类似的经历——“合伙人”谎称与其创业，厂房租好后却撤资。一段时间后，李云在别的地方看到自己从前交给对方的作品，已经被人做旧了。这些现象，也损害着“景德镇制”的口碑。

失去了直供皇家、国宴的属性，艺术瓷品类理解门槛太高，仿古界又有投机者混淆视线，人们越来越难判断“景德镇制”究竟代表着什么。这样的境况下，2022 年，由景德镇市市场监管局牵头，景德镇陶瓷协会发布了“景德镇制”区域品牌形象标识以及系列标准，在既有国家标准基础上，就瓷器的“釉面耐金属划痕性能”“铅镉迁移量”“抗热震性”等技术标准提出了更高要求。

景德镇富玉陶瓷董事长吕雅婷是品牌标识标准化的支持者。在她看来，这些质量上的硬性标准代表着景德镇瓷的优势：“同样是普通的白色瓷器，用刀划一下，外地瓷器可能就留下划痕，伤及胎骨了，微波加热甚至会裂开；景德镇的瓷器就不容易有划痕。”

稍早些时，广东省佛山市陶瓷行业协会做了类似的事。2020 年，他们就注册了“佛山陶瓷”集体商标。因为当地的建筑陶瓷生产技术与质量较高，“佛山陶瓷”也因此具备较强的区域品牌影响力，却屡遭其他厂商贴牌冒充。2021 年，佛山市陶瓷行业协会针对“佛山陶瓷”公布产品标准《陶瓷砖（板）》，只有达到其中各项质量标准，该品牌才能合法使用“佛山陶瓷”商标。协会官网也实时公示申报通过的企业，避免造假，维护品牌信誉。

1 2022 年 11 月 8 日，“景德镇制”区域品牌形象标识和宣传口号发布会在景德镇国际陶瓷博览交易中心举行，公开了新的“景德镇制”标识。“1004”是为了纪念公元 1004 年，景德镇被宋真宗用年号赐名。

2 “佛山陶瓷®”帮助佛山的陶瓷商家树立标准，打击造假。目前，已经有 32 家陶瓷厂商获批授权使用“佛山陶瓷®”。

3 日本经济产业省发布的“传统工艺品（伝統的工芸品）”标识。这个标识背后的标准定义了什么是日本的传统工艺，包括“主要用于日常生活、制造过程的主要部分是手工艺品、传统工艺或工艺制造的产品、以传统使用的原料为主要原料制造、一定区域内相当数量的人生产或从事的产品”一系列标准。

佛山的《陶瓷砖（板）》没有规定申报厂商必须在佛山生产，只是划定了产品性能标准。但也有一些更讲究文化与手工艺传承的集体商标，它们有着不同的要求。例如，日本的经济产业省根据几项标准来判定某种工艺品是否属于“传统工艺品（伝統的工芸品）”，并为此设计了一个带有“伝”字形状的标志。这些“传统工艺品”的定义中，就包括“以传统使用的原料为主要原料来制造”“在一定地域范围内，有不少人从事这项产品的生产制造工作”等条件。

这与“景德镇制”有些相似。在新“景德镇制”发布前的几个月，景德镇陶瓷协会又公布了一份《“景德镇制”陶瓷品牌评价通用要求》，指出使用该品牌与标识的陶瓷产品必须由“在景德镇市域内注册的企业使用全产业链或半产业链（至少包括装饰及彩烧环节）生产”。

按照标准，陶瓷如果大部分生产环节都在外地完成，就不得使用“景德镇制”这个底款。但是在如今的景德镇，许多日用瓷产品都是这样生产的。“目前景德镇日用瓷市场上 80% 到 90% 的产品都是从外地采购白色瓷器再贴花，如果我们斩钉截铁地说这类产品不是景德镇的瓷，整个市场会‘颓废’很多。”一位景德镇陶瓷从业者透露。

产地与原料确实很重要，但未必就是今天人们判断“景德镇制”的决定性因素。景德镇瓷业的发展离不开细腻且耐高温的“高岭土”。起初，人们在景德镇附近的高岭村发现了它，但是到了现代，“高岭土”已经不是什么神秘的自然馈赠——具有相同成分组合、来自各地的瓷土都可以叫这个名字。今天，高岭村的瓷土几乎被挖完，不再允许私人开采。有的景德镇瓷厂或窑口在外地采购部分原料，自己淘洗、配比，也能达到一样的效果——三代经营粉彩瓷的艺林堂就是这样做的。

艺林堂主理人余寅的爷爷曾在东风瓷厂工作，家族承袭了不少先进的工艺技术与人脉资源。但是今天，不是所有景德镇瓷厂都保有这样的技术经验。除了瓷泥，釉料也是一样的道理。“调一个釉色需要投入很多研发精力，有经验的人可能一次就调成了。”余寅说。他甚至听闻有同行花费 2000 万元也没烧出想要的颜色。好的原料配方并不易得，一些瓷厂也可能因此寻求与外地供应商的合作。

1/ⓟ景德镇发布 2/ⓟ佛山市陶瓷行业协会 3/ⓟ日本经济产业省

谭小保的谈窑人数不多，主营仿古青花斗彩。在成立谈窑之前，谭小保曾在台湾陶瓷品牌“隐樵山房”、窑口“天予窑”就职，熟悉传统官窑和现代化的瓷器生产。

除了原料，景德镇的规模化工业生产技术似乎也面临着断代与转移。在创立自己的斗彩窑口“谈窑”之前，谭小保很长一段时间都在从事陶瓷的生产管理。16 岁时，他进入国营瓷厂工作；工厂改制后，他曾以技术入股陶瓷品牌宝瓷林，和其他合伙人在景德镇昌南新区建厂，主导过厂房设计、机械人员配备等各个与生产有关的工作。

谭小保入股宝瓷林期间，区别于景德镇其他传统作坊或品牌，宝瓷林批量生产单色釉瓷，进一步使其由陈设装饰走入日用礼品领域。这其中，机压成型的生产模式帮助他们控制了成本。但是，生产这些机器与模具的上游厂商并不来自景德镇。

十大国营瓷厂时期，在政府的引导与整合下，景德镇曾有完备的陶瓷工业生产链。随着国营瓷厂的改制，“原先全国最好的陶瓷设备制造商——景德镇陶瓷机械厂倒掉了，还有景德镇最好的贴花花纸制造商三蕾化工厂（指前三蕾瓷业化工厂）也改制了。”谭小保说，“之后我们都是到山东去买这些机械设备，最后就是两个（采购）点，一个湖南醴陵，一个山东淄博。”

Ⓟ Fabian Ong

2019 年，位于湖南醴陵的湖南玉祥瓷业有限公司已采用陶瓷等静压自动化生产线生产瓷具，这样的自动化生产线可以帮助企业减少约半成劳动成本。

© 唐铁

以醴陵为例，这个湖南城市和景德镇类似，天然瓷土资源催生出了地方性瓷业，代表瓷器为“釉下五彩瓷”，后来又因为制作出了“毛瓷”等领导人用瓷而进一步发展。20 世纪 60 年代起，醴陵陶瓷在湖南省陶瓷研究所等国有企业的管理、帮助下升级技术，大批量出口海外，此后也持续通过参与国际评奖、展会开拓外贸业务。为了维护外贸发展，当地较早建立起了海关、商检机构和便利的物流运输系统。

在广交会等外商聚集的大型展会上，醴陵陶瓷未必以罕见高超的工艺价值为主要卖点，而质量高、通关运输方便的日用瓷企业是签单主力。醴陵的一些日用瓷企业因此成为宜家、沃尔玛、星巴克等品牌的供应商。

瓷业为醴陵带来了名声，也加重了污染与能耗，陶瓷产业能耗一度占醴陵所有规模企业能耗的六至七成。同时，传统制瓷属于劳动密集型产业，受人口外迁、“招工难”趋势影响，难以应付大批量的订单，这也迫使醴陵瓷业向劳动力成本低、操作简易的机械生产转型。

如今，在当地政府缓缴税费、奖励绿色工厂等措施的扶持下，醴陵瓷业的生产设备日渐升级。根据《景德镇日报》2023 年的报道，醴陵 100 家陶瓷企业曾在 3 年内“累计投入近 4 亿元，引进安装近 1100 台（套）自动化、智能化生产装备”。

在景德镇，瓷业自古以来高度分工，人员几

被称作“瓷都”的景德镇有着各种各样的瓷器商店，当地人称为“国贸”的市场，成为人们寻觅景德镇日用瓷的一个集散地。

© Fabian Ong

乎不会跨部门流动。修坯工人专心修坯，写款师傅只做写字一件事，对其他环节少有涉猎。缺少国营瓷厂这样有力的组织统筹之后，四散的工匠可以勉强组建起 3 至 10 人的作坊，但很难形成一个个生产力强大的团体，更别说投入大量资源采购、研发设备了。

景德镇国营瓷厂改制后，也就是 2000 年左右，醴陵、德化、潮州等产瓷区引入民间资本，建立大型日用瓷工厂，景德镇的工人们却没有走上这条道路。日用瓷的生产得遵循大众生活习惯，杯盘器皿都有既定的样式，很难做出差异化，而且需要量产来压低单价，走近普通消费者。景德镇熟悉陶瓷的人不少，在成立作坊就能保证收入时，投入大量资源、共建厂房似乎没那么有吸引力。

创新与研发也是个问题。在景德镇创业近 10 年的设计师冉祥飞说：“陶瓷的门槛很低，你（内行）看到 50 米外的某个东西（陶瓷产品），回到厂里就能做出来一个。它们的细节可能不同，但看起来一模一样。”一位景德镇的大学教师说：“在这里开发一个陶瓷品牌，如果卖得好，立马就有人开始仿。原创者设计、打样，整个流程的前期投入假设是 10 块钱，他（仿冒者）可能只需要 1 块钱。”

这或许还不是一个让人敢于投入大量资金、承担风险建立企业工厂的环境。到了 2019 年，根据《南方日报》的报道，竞争者潮州的规模以上陶瓷企业（主营业务年收入达 2000 万以上的陶瓷企业）已达到 331 家，景德镇仅有 96 家。

从曾经的大型国营工厂回归作坊林立的格局，人们或许能通过精细的手工艺认识景德镇陶瓷。对于如今散落在当地的各个小型作坊或私人窑口来说，手工艺术瓷可能是更好经营的品类。它们不像日用瓷讲究量产、实惠，而是溢价空间大。利用御窑留下来的高超手工技艺，加上有限的生产量，艺术瓷的价格可以被抬到成本的上百倍，甚至更高。

现在，这样的品类也更容易在电商直播、社交媒体上获得关注。冉祥飞说：“贵价艺术瓷的绘画、工艺肉眼可见，其价值更容易被理解。把它们发到朋友圈，还能起到‘社交货币’的作用，大家会觉得你是有审美的。”

冉祥飞在景德镇开设工作室，经营着多个不同类型的陶瓷产品系列，每款产品都有各自的生产线，分布在景德镇的不同地方。在他看来，景德镇工艺的分散不是坏事，它可以帮助手艺人和年轻设计师灵活地组建自己的生产链，控制成本。如果在更多采用大机器批量生产的其他产瓷区，例如德化、潮州，现成的工厂可以完成全套生产，但起订量也更高。

冉祥飞每天接触各种陶瓷工匠、小型工厂，为自己的产品挑选适合、美观的工艺。这些工艺未必由某个家族世代传承，或是有着很高的门槛，“其实（在景德镇）哪里都有人做（陶瓷），哪里都能学（陶瓷）”。工匠们有了手艺，不给这家做，也能给其他家做。景德镇的师傅们能够在这套模式里安稳生存，窑口也能轻松召集人工。冉祥飞说自己接触、了解过的本地传统窑口“这两年活得都挺好的”。

粉彩窑口艺林堂用的是自己的画工团队，今天依然坚持手工绘画。生产组里，工人们紧盯着小小的器物，绘画细致的图案，这对眼和手都是极高的考验。人不是机器，工人年龄超过 45 岁，可能就难以维持出产水平。但要在体积不大的瓷器上精细作图，“用机械臂可能要花上千万”。艺林堂市场部的熊承文说，在市场需求量没有那么大时，这显然是传统工坊难以承担的成本。

主理人余寅认为，艺林堂还处于品牌化的第一阶段，没有大笔外部投资，重要的是先把既有的模式做好，而不是迅速拓展产能。引入自动化机器生产、提高单量都是第二阶段的事。如今艺林堂每款产品出货量都控制在 100 件以下，高端品类甚至更低，也是为了手工艺的成品稳定。但这也确实与机械化道路首尾制约——不接大单，就没有动力更新设备；而盲目接单，又可能挑战既有的生产质量，贸然扩张又存在风险。

谭小保的谈窑也控制着出货量，开一次窑，可能只有几十件瓷器。今天的窑主们都有自己的个性和坚持，已经很难像 20 世纪 50 年代那样被组织在一起。余寅的爷爷和谭小保都曾在国营瓷厂工作，那个物资匮乏的年代里，大家可以为了基本生活的温饱共同投入。但是到了余寅这一辈，人们不必再为吃喝发愁，对制瓷也有了各自的想法和要求，大集体的体系和标准也许可以带来更多

Ⓟ今治毛巾

利益，但这些东西未必是今天窑主们所重视的。

宝瓷林如今有外部投资，在中国 15 个城市开设了专卖店，比起私人作坊有着更完备的生产和销售体系，但谭小保还是选择在 2015 年卖掉了股份退出宝瓷林，“宝瓷林是大家的。企业要养一大帮人，很多事由不得我们，要为了大家的利益勉为其难。但是我今天做自己的事，可以坚持我想要的审美和工艺。我不会去太在乎利益”。

像谈窑这样的私人窑口，讲究传统工艺，出货量极小，通常不足以填充一间间供货稳定的专卖店。因此，这些少且精的贵价瓷器出品后，往往还没等到影响力传播开，就由经销商争相接手，再被投放到顾客或艺廊。这类瓷器在经销商的渠道、玩家圈子里知名度挺高，但是对于不懂行的普通人来说，它们依然神秘而遥远。

在景德镇，手工制瓷其实已有大量的现成生产经验，“反而机械化生产是难的。”吕雅婷说。没有持续稳定的出货量、成品率、销售渠道以及清晰的质量认证标准，景德镇瓷器的手工艺再精妙，大部分消费者依然难以理解它好在哪里，有哪些必须购买它的理由。

一些年轻人正试图建立起消费者对“景德镇瓷器好在哪里”的认知。富玉陶瓷参与了“景德镇制”标准的起草；艺林堂将在杭州等其他城市开设店铺。艺林堂单款产品出货量小，但聘用年轻的设计团队，种类更新得很快。展卖多款自家产品的专卖店可以让他们直接面对消费者，建立起人们对品牌和

佐藤可士和为今治毛巾设计了一个由蓝、白、红三色构成的商标，
给人在视觉上留下了统一印象。
同时，商标使用费也是日本四国毛巾工业协会重要收入来源之一。

粉彩的认知。

余寅说，如果景德镇能有一个像当年的艺术瓷厂（景德镇十大国营瓷厂之一，主营粉彩瓷）一样，代表着“景德镇粉彩”高标准的产业联盟，他非常愿意加入，他甚至想过自己组建。但他很难保证现在本地的大小窑口都有同样的追求——大家还在凭借自身积攒的原料配方、人才、渠道各谋发展，也许到了财富积累充足，或是发展受限的时候，“这样的产业联盟会自然而然地出现”。

联盟这条路并不简单。组织与个体品牌间既有共同利益，也有牵制之处。厂商如果想以“景德镇制”为卖点，可能就不得不遵循其中的量化指标，保证品控。但如果吸引消费者的是有特色的工艺本身，工坊主们自家的底款可能比景德镇的底款更有含金量。

也有人提出过解决方案。在日本爱媛县今治市，有一个依托当地毛巾产业联盟基础上的品牌——今治毛巾（Imabari Towel），曾为优衣库设计 logo 的设计指导佐藤可士和，为这个一度濒死的地方产业联盟重新梳理了品牌战略，并设计了联盟共用的“Imabari Towel Japan” logo。联盟里的中小企业成员共同参加展会，共担风险，分享品牌效益最大化带来的传播收益。那些有余力提出更高标准、做自己品牌宣传的当地公司，则会在产品上同时缝上联盟的标识和自家的商标。

当然，也许不是所有人都迫切需要一个化繁为简、写着“景德镇制”的标识。在一些人眼里，景德镇瓷业涵盖着多种多样的产品类型、技法、风格，不必刻意总结。谭小保说：“景德镇的陶瓷如果几个字、几句话就能说得清楚，也就不会有那么多人趋之若鹜了。”

今天，推出新“景德镇制”的景德镇陶瓷协会仍在招募企业入会，多种本地瓷器标准还处在立项、起草的阶段。用一个“景德镇制”把大家重新聚集在一起，依然不是件容易的事。

（钟恩惠、曹中对本文亦有贡献）

陶瓷老厂牌 Wedgwood 在不断颠覆什么?

text
/
徐煜萌

photo
/
Pessimist
Joseph Priestley
纽约大都会艺术博物馆
Daderot
Rudolph Ackermann
PTRA
Wedgwood/Fiskars

Ⓟ Wedgwood/Fiskars

在碧玉细炻器这个品类中，Wedgwood 淡蓝色炻器器形加上花朵浮雕的经典设计拥有大批粉丝。

1765 年的某一天，在距离伦敦约 200 公里的斯塔福德郡（Staffordshire），约书亚·玮致活一世（Josiah Wedgwood I）收到了一封来自圣詹姆士宫（St. James' s Palace）的邀请函。

约书亚是英国陶瓷品牌 Wedgwood 的创始人，他很清楚这封信件的重要性。这一天，英国王室邀请约书亚在内的斯塔福德陶器家们参加一场比赛，胜者将获得为乔治三世的王后夏洛特提供茶具的权利——这意味着英国所有的公爵和中产阶级都将购买获胜者的茶具。

成年后的大部分时间，约书亚都在制造和研究陶瓷器具。为了让 22K 金附着在他的白釉上，这位 35 岁的陶器家花了几个月时间做实验：他在 22K 金里加入蜂蜜，用极高的温度烧制。由于制作成本高，大多数制陶工人因担心无法取胜而退却了，但约书亚没有犹豫。他的成品——以乳白色陶器为底，全金色上釉，壶面绘有绿色花朵，手柄由两条丝带般的装饰交叉而成——让他赢得了比赛。

出生在陶工世家的他有了一些新想法。获胜后，约书亚又为王后献上了一些图案和花瓶，并向王室请愿，希望能允许他自称为“王后陛下的陶工”（Potter to Her Majesty）。视约书亚的白陶为一种风格范例，加上夏洛特对其的喜爱，王室同意了他的请愿，并命名他的乳白色亮釉陶器（Creamware）为“王后御用陶器 ”（Queensware）。

斯塔福德郡是英国的陶器生产中心。18 世纪中期，这里的陶器正从传统的红黑陶器、盐釉陶器和装饰瓷器转向，陶工们开始研究成本更低却更轻便耐用的乳白色陶器。这种陶器也是 Wedgwood 的发家之作。近 5000 次釉面和坯体试验后，约书亚在陶器和釉料中加入瓷土，完成了对颜色和表面的处理。“他的乳白色陶器有一种更丰富、更纯粹的颜色和质感，是人们从未见过的。”美国加州大学人类学教授布赖恩·多兰（Brian Dolan）赞叹道。

除此之外，对于这些手工制作的器皿，约书亚还要确保每个部分比例正确。例如，茶碟和茶碟的顶部必须要紧紧相合。在那个机器生产还未代替手工艺技术的年代，约书亚的高要求是当地陶瓷业的严谨示范。“是这些让他在最开始能脱颖而出。”多兰说。

Wedgwood 的产品在当时的英国销量极佳：当咖啡、糖与巧克力被引进，社交围绕着饮茶构建，真正的都市生活（urban life）正在形成——人们需要茶具这样的器物让自己显得“优雅”。借助航运，18 世纪的英国也正成为全球出口大国。而地球的另一边，刚刚安定下来的美国人也正为新家寻求良好的设计——他们想要漂亮的家具和器皿，当地却没有工厂。

凭借陶器积累了大量财富的约书亚，中年后依旧沉迷研究事物的发生原

Wedgwood 有哪些品牌创新要素？

1. 寻找王室为品牌背书
2. 乳白色陶器百家争鸣时，钻研釉料和烧制方法，使其白陶脱颖而出
3. 严谨的生产流程，保持标准化品控
4. 借工业化提升生产效率
5. 引入 showroom 等营销方式，便于构建围绕饮茶的“优雅都市生活场景”，进一步打开市场
6. 积极参与政治公共事务并发声，传递品牌信息
7. 运用联名、增加合作等方式，不断拓展品牌线

1 2 3 4
5 6 7
8 9

1 在 18 世纪至 20 世纪 60 年代的斯塔福德郡，瓶窑是典型的工业景观，2000 座左右的瓶窑成群站立，随处可见。瓶状的口子起到烟囱的效果，带走烟尘，便于气流产生，也避免了窑外不均匀的空气与天气的影响。但由于其燃料使用效率仅约 30%，因此英国在颁布 1956 年的《清洁空气法》后便不再使用瓶窑了。如今，大部分的生产被转移到亚洲，小镇已显萧条，仅剩的近 50 座瓶窑也被列为受保护建筑。

2—3 18 世纪流行起转印技术，约书亚在年轻时便将其用在了自己的乳白色陶器上。工人们不再需要全手工绘制，而是用雕刻后的铜板或钢板在纸上单色印刷，再压印至陶瓷器具上，提高了生产效率。

4—5 经历数千次试验后，约书亚的碧玉细炻器于 1774 年首度问世。碧玉细炻是一种未上釉的玻璃体精致粗陶，颜色多种，器具表面往往会铺上古典或当代的浮雕。

6 约书亚用黑色玄武岩陶器复刻了著名的罗马浮雕玻璃花瓶“波特兰花瓶”，这也是他生前的最后一件作品。原作诞生于公元 1 至 25 年间，由罗马宝石切割师 Dioskourides 切割，采用公元前 30 至 20 年间的作品风格。

7 1768 年开始，约书亚先后在伦敦、巴斯、利物浦和都柏林开设陈列室。宽敞的陈列室可以展示数百件商品及其使用场景。

8 Wedgwood 公司于 1787 年发行的浮雕徽章，图案为一名戴着手铐的跪姿黑人男子，周围写道：“Am I not a man and a brother?”（我难道不是一个人、一个兄弟吗？）

9 Wedgwood 的产品设计横跨 263 年，保留了过去的图案，同时关注现代趋势，为消费者提供多种风格的选项。图中 Wedgwood 佛罗伦萨绿松石系列即为 1931 年的设计，黑色珐琅镶边，并绘有咆哮的狮鹫，这种对神话的青睐也是约书亚时期就有的。

理。每一个满月，约书亚就和其他行业领袖在当地的俱乐部相聚——那是高度社交化、科学被重视的年代，几乎每个领域都有自己的知识分子协会。参加讨论的，有蒸汽机的推动者马修·博尔顿（Matthew Boulten）和瓦特（Watt）；也正是约书亚提供了自己的制陶机器给自然哲学家约瑟夫·普里斯特利（Joseph Priestley）做实验，才有了现代人对水的认知——工业革命在这里发生。约书亚也借助新技术完善Wedgwood的供应链，例如推动特伦特和默西运河的建设来降低陶器的运输风险，并率先采用了转移印花来提高生产效率。

跨越了263年，如今在英国的哈罗德百货和美国的梅西百货，Wedgwood依旧被摆放在瓷器柜台最醒目的位置。它的产品线中，由婚纱设计师王薇薇（Vera Wang）设计的香槟杯成为婚宴送礼的热门选项，蓝白色的碧玉细炻器（Jasperware）深受中古店和收藏家的青睐，Wedgwood的高端线Wedgwood & Bentley则被陈列在大英博物馆或是进入拍卖行。

现在我们所见的Wedgwood产品和技术，大多仍是约书亚的遗产——一些营销方式也是。1768年之前，Wedgwood的器皿只能在斯塔福德郡的工厂店里买到。直到约书亚的合伙人托马斯·本特利（Thomas Bentley）在伦敦开设了陈列室（showroom）。陈列室里，器皿根据各自的应用场景被摆放。这一举措成为零售体验的先锋。为了拓展欧洲市场，约书亚把Wedgwood的产品和货物单打包寄给欧洲贵族，随货写上："如果你喜欢，那就留着它并买下吧；如果不，那麻烦寄回。"1787年，为了呼吁解放奴隶制，约书亚用碧玉细炻器的工艺烧制了印有奴隶浮雕的徽章寄送给本杰明·富兰克林（Benjamin Franklin）等政治家。这种"用时尚传递政治信息"的做法，是印字T恤衫的前身。

约书亚去世后，Wedgwood的后代运营着这家家族企业，创新出精细骨瓷，参加世界博览会，并在工艺美术运动期间与艺术家合作，发展出以装饰作用为主的艺术陶器。1986年，Wedgwood被爱尔兰水晶公司Waterford Glass Group收购，合并为Waterford Wedgwood集团。2000年后，由于大规模制造，低价的替代品不断出现，因此Waterford Wedgwood的产品逐渐被"边缘化"，进入高端礼品市场。集团资产于2009年被美国私募股权公司KPS Capital Partners收购，包括Wedgwood、Waterford和Royal Doulton在内的资产被置于一家名为WWRD的控股公司内。2015年，芬兰家居用品公司Fiskars购买了WWRD所有的股份。如今，为降低成本，Wedgwood将大部分生产工厂转移到印度尼西亚，只有包括碧玉细炻器在内的全手工和限量版产品继续在英国生产。

一个新的Wedgwood正在成为21世纪的"超级品牌"。曾在Burberry和Louis Vuitton施展过"魔法"的Wedgwood新引领人乌尔里克·加尔德·杜（Ulrik Garde Due），决定为这个英国品牌作一些现代化的翻新。例如，把蓝白的碧玉细炻器换成渐变色，开设Wedgwood茶室以推广下午茶文化，来"确保更年轻的一代能够体会到它的工艺"。如今，Wedgwood面向大众的产品以骨瓷餐具和碧玉细炻装饰品为主，有花间舞蝶、拜占庭、野草莓等28个系列。除了1759年公司诞生以来的设计，对于新产品，Wedgwood邀请了英国时尚设计师贾斯珀·康兰（Jasper Conran）、婚宴权威王薇薇和创造出比得兔的插画家碧雅翠丝·波特（Beatrix Potter）等人，为设计注入活力。

器皿成为过去和现在的物理连接，约书亚曾用陶瓷工艺、营销天赋和创新力成就了Wedgwood，而这些依旧不可或缺。

1／Ⓟ Pessimist 2／Ⓟ Joseph Priestley 3／6／8／Ⓟ 纽约大都会艺术博物馆 4—5／Ⓟ Daderot 7／Ⓟ Rudolph Ackermann 9／Ⓟ ptra

没有代表工艺的香兰社，如何做出代表日本的“香兰社调”？

香兰社形成了自己的特征：既有宫廷的繁复绚丽，又保留了东方传统的雅致，同时加入了西方当时兴盛的装饰艺术和新艺术风格，成为和洋折中的典型，被称为“香兰社调”。

日本 香兰社

Benchmark File 02

text
/
杨楚佳

photo
/
香兰社
RHYTHM
赵慧
そらみみ · CC BY-SA 4.0

© 香兰社

*合本组织：形式与公司类似，但以公共利益而非个人利润为最终目的，募集资金和人才。当时日本的公司法不完善，有田町当地没有公司这样的组织，八代深川荣左卫门、手冢龟之助、辻常明、深海墨之助四人共同出资成立了合本组织。

*金澜手：在彩绘瓷器表面用金色修饰，有田町附近的伊万里是此技术的主要传承地。

1876 年的费城世博会是一个被新技术新发明环绕的展会，打字机、电报机、留声机刚刚诞生，但是在这些新事物中，来自日本的一套咖啡杯同样耀眼，它获得了陶瓷部门的世博会大奖。这套咖啡杯拥有典型的西方器形样式，但点缀着日本纹样“染锦流云”：以白瓷为基底，流云与候鸟纹样由红釉和金彩填充。

这一作品由合本组织*香兰社制作，这是佐贺县有田町当地的窑主们为出口陶瓷而联合组成的机构。金彩取自“金澜手*”的装饰风格，红釉和留白则有着佐贺县有田町名窑柿右卫门的影子。由于各个窑主的技术只传给自家的后代，所以此前这两种风格没有在同一件作品上出现过。但香兰社使用自己的调色，融合了这些传统元素，将它们设计成有现代风格的图案，应用在西方风格的餐具和摆件上。

明治维新后，日本政府将促进出口作为国策。当时欧洲流行收藏具有日本风格的工艺品，政府为了让日本的传统工艺品在海外卖得更好，也努力将传统图案设计得更符合西方口味。1876 年世博会事务官纳富介次郎更是主张“工艺的机械化”，这也意味着，以出口为目标的各种生意，都要有一个“可以量产”的心理准备——无论是设计还是制造方面。

纳富介次郎也是个画家，曾在奥地利学习陶瓷制作，他受日本政府任命，筛选并设计可以在 1876 年世博会展出的陶瓷，也担任了香兰社器形设计和图案绘制团队的牵头人。纳富介次郎还将日本各地经典的陶瓷器、漆器、铜器等编纂成图录《温知图录》，既可以让国内的工艺品制作者们参考，也可以向国外介绍日本的工艺。

做日本美术品国际贸易生意的起立工商公司，也是香兰社改进图案设计的协助方之一。起立工商公司并非直接提供工艺品的设计图，而是参考《温知图录》里的纹样，从构图开始指导创作。他们观察到，当时欧洲兴起的新艺术运动强调以自然的曲线为装饰，而日本“琳派”绘画的主题正是自然风景，便提炼出画作中的关键元素，将原本是平面的绘画改为立体的构图，让它们更容易用来装饰工艺品。比如，香兰社的产品中，水纹取材自琳派作品《红白梅图屏风》里代表性的“光琳波”，保留其蜷曲而绵延的水形，但根据花瓶或杯具的弧度调整了水流的走向。在这样的过程中，工艺品设计师们逐渐培养了构图的意识。香兰社当时的作品里，可以看到日本传统的团形花纹平行排列，如绶带般盘绕在咖啡杯外壁。

起立工商公司也为香兰社区分了产业中“设计师”和“制作者”两个不同的职能，由此，在香兰社，设计师和工匠分业而行。

香兰社有一种饱满通透的蓝色瓷器——“琉璃”，这个颜色的诞生倒是源于一次“试错”。香兰社的组织者之一、陶瓷世家深川荣左卫门第八代继承人深川真忠在参加 1878 年的巴黎世博会之后，带回了由氧化铀制成的黄色釉下彩颜料，发现如果在不同温度条件下烧制，会生成很不错的黑色，当时，他立刻将这个黑色广泛用于绘制香兰社产品里的鲤鱼图案。他还结识了德国化学家戈特弗里德·瓦格纳（Gottfried Wagener），学习氧化钴的使用方法，以氧化钴为核心成分制出了香兰社独有的琉璃色釉料。这种琉璃釉多用于瓷器的底色填铺，其表面可以继续装饰其他材料，不论是日本本土的兰花图案，还是来自西方的葡萄纹样，它们都可以用金彩装饰于上，形成了香兰社的代表风格。

在之后的几届世博会上，香兰社参展的作品屡次获奖，逐渐在各大国际展览上成为日本瓷器的代表。1896 年，香兰社成为日本宫内省御用的店家，为皇室生活和仪式提供瓷器。它的设计风格也由此固定下来：既有宫廷的繁复绚丽，又保留了东方传统的雅致，同时加入了西方当时兴盛的装饰艺术和新艺术风格，成为和洋折中的典型，被称为“香兰社调”。为了让西方感受到日本皇室的审美，香兰社用御所车*图案来装饰咖啡杯；而在献给天皇的花

*御所车：平安时代京都一带的贵族所乘坐的牛车。在用作纹样装饰时，通常不画出牛的部分，只呈现华丽精巧的车厢。

香兰社受精密仪器制造商 RHYTHM 委托，为后者开发了以此设计纹样为基础的创业 70 周年纪念时钟，钟面纹样则是曾在 1876 年费城世博会获得大奖章（Grand Prize）的“散云纹”（雲散らし柄）。

© RHYTHM

香兰社有一种独有的饱满通透的“琉璃”蓝色瓷器，这个颜色的诞生源于一次“试错”，但这个色系如今已是香兰社的代表色调之一。

© 赵慧

© そらみみ · CC BY-SA 4.0

位于佐贺县有田町的香兰社有田本店建于日本明治时代，一楼是产品展厅，二楼是古陶瓷陈列馆。

瓶上，则用唐草的画法去展示灵感来自于希腊神话的月桂叶的图案，将欧洲风格融入日本传统。

不像其他日本陶瓷出口厂家严格按照西方用餐礼仪出品成套的晚宴餐具，香兰社为了兼顾设计、产量、价格，出品了很多用当时的日本传统技术可以低价制造的器形，既有花瓶、茶碗、酒壶等日本造型瓷器，也有咖啡杯、砂糖罐、黄油盘等西方餐具。

为直接对海外销售产品，香兰社的次任社长、深川真忠的儿子深川与太郎长期居住在法国。他观察当地人使用陶瓷的习惯，根据他们的需求，不拘泥于传统西方现有器形，制作出了既符合欧洲人饮食习惯，又饱含东方风格的瓷器。于是，诞生了一款专门给胡子长的人喝咖啡的杯具：杯身上以中国山水画的风格描绘着楼阁风景，圆形的杯口用陶瓷遮住了一半，可以防止胡须浸到咖啡里。

有田烧行业内，在柿右卫门这类掌握独门技术的窑口，员工不允许辞职单干，以防工艺外传。有田町当地还有回避竞争的不成文规定，每家烧窑的新品不可以与同行重复。这些规矩都让香兰社不得不培养自己的创意人才。

香兰社将公司从明治初期积累下来的设计图纸都收录进了设计手册，给新进公司的设计师学习，让他们感受设计风格的变化。深川真忠出资成立了日本第一所陶器工艺学校“勉修学舍”，邀请里纳富介次郎的朋友江越礼太担任老师。江越礼太曾指导香兰社参加 1878 年巴黎世博会的展览品，在学校将和洋折中的香兰社风格传承了下去。

勉修学舍后来与佐贺大学艺术设计学部合并，香兰社继续投资大学的研究室，与佐贺大学共同开发了取得专利的陶瓷模具。这种模具能够一次性浇筑成复杂的形状，比如，它可以用来制作手部形状的陶瓷，而且精细到可以表现皮肤褶皱。通过这种方式，在陶瓷秘技独传的有田町，香兰社打开了设计传承的新路径。

随着时间的变化，人们不再只钟情于宫廷式的华丽繁复，香兰社的设计师们也不断汲取各个时代的设计元素，同时保持着“香兰社调”的特征。香兰社的作品中曾用线条和几何图形来呈现传统图案，采用兴盛于 20 世纪 20 年代的装饰主义风格；它也曾制作了 MIYABI 系列餐具，参考了昭和时期的灯具设计；而在近几年香兰社参与的“2016/”项目里，它与瑞典设计师因吉戈尔德·拉曼（Ingegerd Raman）合作，制作了一套功能多样、没有任何装饰的茶具。

香兰社
如何完成自己的
know-how 构建？

1. 利用产业联盟机会，融合各家多种有代表性的纹样风格
2. 以出口欧美为目的，在传统中加入西方元素。以日本绘画为素材，取其神韵，以西方视角重新构图；根据西方消费者的使用习惯，改造器形
3. 开发自己的图案与色彩，形成有辨识度的独特视觉特征
4. 开办陶瓷学校，打破当地工艺保密的传统，培养创意人才

香兰社适应现代生活场景推出的子品牌“by koransha”系列，延续了既有风格特色，但设计更加简洁。

“设计师们以身边的草花素描为基础展开创作是基本原则，最近还受到杂志、和服的图案以及其他公司产品等许多直接刺激，促成了领先时代的设计诞生。”香兰社现任董事长深川纪幸说。

在主品牌“香兰社”之外，香兰社于 2021 年推出了子品牌“by koransha”。by koransha 的产品一改曾经香兰社的古典与繁复，都是简洁的纯色，以贴近现代生活的各种使用场景，而将“香兰社调”藏进了陶瓷纹理之中。比如，瓷杯通体纯白，乍一看并不特别，但杯身雕刻着唐草纹样，杯体的质感仿佛被蕾丝包裹，保留了香兰社一贯的古典调性。

香兰社在成立之初，并没有代表性的陶瓷工艺，却以典雅绮丽的设计风格取胜，这也为香兰社的产品种类打开了空间。如今，香兰社也长期与各类陶瓷行业以外的公司联名合作，让“香兰社调”的图案不受限于陶瓷这一材质。

中川政七商店：如何用商业思维拯救传统工艺？

中川政七商店的人气产品——花布巾。这个产品的灵感来自奈良当地的蚊帐产业，蚊帐本是随着时代发展而逐渐消失的产品，但因有吸水、速干的特性，中川政七商店便在 1995 年将它开发为“花布巾”产品，延用制作蚊帐时纵横交错的纺织方式，最终由两块蚊帐布缝合制成。中川政七商店为它设计了各种时令纹样，色系搭配，有时还会做联名合作。为它设想的使用场景包括了从擦拭餐具、餐台桌面，到过滤鲣鱼清汤、包裹便当，最后用作抹布的全过程。2008 年，这个产品获得优良设计奖（Good Design Award）的长效设计奖（Long Life Design）。截至 2022 年，该系列已累计销售超过 400 万枚。

日本　中川政七商店

Benchmark File 03

text
/
杨楚佳

photo
/
中川政七商店
good design company

中川政七商店是一个场景营销的高手。在各种节庆日，它总能想出让人们买点什么的点子。2022 年正月商品计划，它就结合日本人在家里摆放正月装饰的传统，推出了季节装饰礼盒；它还统合了 5 个产地的年糕饼归为一盒，让人们比较吃吃看；因为 2023 年是兔年，以生肖兔为主角，因此它也准备了日本各个手工艺产地的兔子工艺品。

中川政七商店常常推出联名合作企划。
2023 年 3 月，
它与吉卜力工作室联合推出一系列
以“对手工艺的爱”为核心概念的联名产品。

2002 年，中川淳回到奈良的家族企业中川政七商店工作。就在这一年，东京伊势丹百货店向这家近三百年的麻织品老店发出了设立专柜的邀约。

当时的中川政七商店只接受外部订单，生产批发商想要的麻织品，几乎没有自己策划的商品，更没有经营零售店或专柜的经验。在这之前的一年，中川政七商店的第十二代社长中川严雄尝试从制造商向零售店转型，开设了名为“游中川 本店”的零售店，但只起到了展览而非销售的作用。

入驻伊势丹新宿总店时，中川政七商店延续了“游中川”作为专柜名。百货店负责人要求每两周更新一次店铺陈列，以保持新鲜感。“夏天主打卖麻可以理解，那到了冬天你们准备卖什么？”中川淳被商场负责人问住了。新年装饰也是有以麻为材料的，他勉强想到了这个答案。

但是，麻的特性是透气、清爽，和冬天的印象总不太搭配。专柜一年四季都要上新的话，不只是冬天，每季都要有应季的新品。当时，中川政七商店一年只发布两次新品，实在做不到两周调整一次店铺陈列。

中川淳想到了日本的杂志特辑，它们常常在每年同一时期推出同一主题的企划，像是咖啡、旅行、早饭等。说到正月就会想到过年，而过年就有吃年糕的习俗。中川淳在 2015 年正月开发出了采用五种不同糯米的“日本全国年糕大比拼”这一商品。不仅如此，吃年糕时用的漆碗和漆筷也可以搭配在同一场景下销售。

以这个思路去看，随着四季变迁，人们都有不同的风俗习惯，会用到各种传统物品。它们最初由手工匠人制作，带有很强的工艺属性，加之各地节日活动和风俗习惯迥异，值得珍视的传统生活用品数不胜数。中川政七商店为此编撰了书籍《日本风俗小物》，介绍日本各地一年当中的风俗习惯。从菜谱到磨刀的手法，再到洗衣服的小妙招，它们既是读者的节令生活指南，也是一份中川政七商店自我宣传的好物清单——因为图里都是中川政七商店与合作品牌的商品。

通过这种方式增加选品，入驻伊势丹新宿总店一年后，中川政七商店的商品数量增加到了过去的 5 倍左右。2012 年，中川政七商店已经可以一年上新 26 次，每两周都有新品放在柜台上。

但是，在那个年代提到中川政七商店，人们的印象仍然是以麻料为主业的百年老店。中川严雄也尝试过麻以外的茶具生意，虽然销路不错，但没有形成独立的品牌，让人觉得那不过是卖麻织品的商店顺带卖的茶具用品。

中川淳着手创立新品牌，以弱化麻织品老店的印象。他一步步从书上学着品

中川淳
中川政七商店代表董事长。2006 年于公司创业 300 年时袭名第十三代中川政七，在工艺业界实现了从制造到销售的垂直整合业态。

中川政七商店如何集结全日本的传统工艺？

1. 以节令习俗为灵感，为不同产品设计出“销售场景”
2. 与供货商保持良好关系，尊重工匠的荣耀
3. 提供品牌咨询服务，将濒死的传统工艺品商培养为自己的合作品牌
4. 从旅游纪念品市场挖掘传统工艺品的魅力
5. 推广“产地旅游”的概念，拓宽品牌消费场景

牌建立的方法，发现游中川的受众心理年龄偏成熟、喜欢传统的东西，而当时的家居用品已经开始吸引年轻的、喜欢新鲜事物的人们。如果能结合中川政七商店的纺织传统，使用日本传统工艺和材料，设计出能够融入现代生活的产品，这样的定位会在市场上更有竞争力。他计划推出一个新品牌“粋更 kisara”，意在传递一种更加精致考究的生活方式。

当时如果想要让新品牌为人所知，最普遍的方法就是在展览会上亮相。但是大部分展会都做不成什么买卖，新品牌成立第一年的业绩只有 60 万日元（当时约合 4.2 万元人民币）。

中川淳重新审视着粋更 kisara，发现这个品牌留在人们心中的印象并不清晰。他拜访市场营销顾问、设计师，向他们讨教方法。最终，粋更 kisara 重新定位为“日本的礼物”，为人们收集、筛选日本各种各样的原材料和工艺，通过自家设计开发、与其他厂商联合开发、采购这三种方式，将它们做成礼物。

与此同时，中川淳参加了新的商业设施表参道之丘在那年夏天的招租。虽然伊势丹新宿总店在当时是日本数一数二的百货店，但它一层有几十家店，中川政七商店的专柜在里头并不出挑。中川淳理想的店铺形态是街边的直营店：在这样的空间里，不只是商品，店铺的氛围、员工的接待服务等，都能构成“品牌”。

中川淳打听到，招租的入选率低于八分之一。表参道聚集着欧洲、日本的知名品牌，粋更 kisara 这样没有任何业绩、来自传统作坊的品牌想要入驻，希望渺茫。但最终审批结果出来，粋更 kisara 通过筛选。中川淳认为是别出心裁的提案书打动了评审，它像奏折一样，装在灵感来源于茶具的桐木盒子里，凝结着中川政七商店的手工艺与创造力。

中川淳将这一操作称为“致命传球”，如同传球能够直接在比赛中得分一样，在好的地段开直营店能够直接为品牌带来收益。粋更 kisara 在表参道之丘开张后，收到了来自更多商业综合体的邀约，营业额连续 28 个月增长。从此开始，中川政七商店的门店数量和业绩开始一路上行。

2010 年，中川淳公开了新品牌“中川政七商店”，这次，他直接把公司的名字变成了零售店品牌。此前，游中川挖掘传统麻料在现代生活中的用途，粋更 kisara 筛选日本各地工艺礼物，融合这两个品牌的经验，中川政七商店这一新品牌使用日本传统工艺，来制作实用型的生活用品。

新商品开发成了中川淳每天最重视的事情。中川政七商店九成以上的商品都交给内部设计师，再由外部供货商制作。与其他品牌不同的是，中川政七商店会在一些宣传海报中加上供应商的名字。中川淳觉得这是理所当然的事：“爱马仕的包包上，就印有什么时候、在哪个工坊、由哪名工匠制作等一目了然的刻印，其中便凝聚着工匠们的荣耀。”他希望能让这些供货商工人们感受到自己工作的成就感，这样才能做出更好的产品。在中川政七商店后来成立的袜子品牌“2&9”的商品标签角落，会有一个小小的动物图案，蛇、龙、马等，每一个都代表不同的工厂。

© good design company

中川政七商店的品牌重塑设计项目由设计师水野学负责，水野学曾主导设计了熊本熊的形象。中川政七商店如今这个 logo 结合了传统与现代特征，已广泛应用于商店的视觉表达与产品包装上。

*波佐见烧：日本长崎县波佐见町生产的陶瓷统称“波佐见烧”，当地有着完备的陶瓷产业分工，以量产陶瓷器见长。

*波浪刃：大部分面包刀的刀锋都是锯齿状、波浪形，通过减少受力面积来增大切力。

中川淳一直寻求与供货商建立深刻的联结，早在 2005 年，他就发起过“加号计划”，将生产方的名字印在游中川的产品上。与更多供货商的良好关系，反过来也帮助了门店的扩张，也让商品策划更加丰富。

中川政七商店除了销售旗下子品牌的商品外，还陈列了很多其他品牌的商品，乍一看似乎是个买手店，其实这些品牌都是使用了中川政七商店的咨询服务后，重新焕发活力的地域传统工艺品商。有一套波佐见烧*的杯子像乐高玩具一般堆叠在一起，它来自长崎濒临倒闭的陶瓷家族企业；还有几款帆布包以邮递员、医生、童子军的专用包为原型，工厂所在的兵库县丰冈市有着上千年的制包历史；你还能看见一把几乎没有波浪刃*的面包刀，也能切得干脆利落，生产它的工坊掌握着新潟县燕三条地区的古老锻冶技术。

开展同行非竞争咨询服务，是中川政七商店的另一记“传球”。这些厂家原本都没有独一无二的技术，但在重新设计后，都成了某一传统工艺代表性的品牌。一如曾经只会生产麻料的中川政七商店，最畅销的产品花布巾与蚊帐是同一材质，它的开发者、中川淳的母亲只是利用它轻薄快干的特性，制作成了清洁抹布。中川政七商店筛选合作品牌时，也一直按照这个思路：从传统材质、手工艺中，发现适合现代生活使用的特征。

除了咨询服务，中川政七商店没有和这些合作品牌共同开发的商品签订专利

中川政七商店开拓了哪些生意领域？

1

制造销售事业

以振兴日本工艺为愿景，策划与制造生活杂货。拥有店铺品牌“游中川”“中川政七商店”“日本市”，产品品牌“2&9”“motta”“花园树斋”“kuru”。

2

教育事业

分享中川政七商店的经营经验，为管理者与设计师定期开展培训课程。同时，面向普通消费者，结合中川政七商店的茶道用品，开设集餐饮、零售、教育为一体的店铺“茶论”，提供茶道培训。

3

咨询事业

从生产、销售到传播，提供全流程的品牌咨询服务，已经为 20 多个品牌提供咨询，并通过举办展览来帮助这些品牌拓宽销路。

4

地域活性事业

挖掘日本各地独有的工艺品，联合当地的厂家与商店，实现地产地消；开展产地巡回型展览，传播传统工艺与产地的魅力。

合同，而是依照该商品在所有渠道的销售额收取一定佣金——其中，中川政七商店统计它们在自己的直营店中的销售额，其他渠道的数字由各品牌自主申报。虽然有风险，但中川淳想寻求和探索的是“一段以信赖为基石又能不侵害到彼此的自由和权利的宽松的合作方式”。

能够在接受咨询服务后长期经营的品牌，都抱有一定的紧张感，他们的经营者并非把品牌全权委托给中川淳去开发，而是主动挖掘自身特色，才能将企业从危机边缘救回来。这也成为中川政七商店筛选合作品牌的指标之一。

中川淳为公司定下的愿景是“让日本工艺更有活力”。比起通过一次性收取咨询费来赚钱，如果能够帮助日本各地的工艺厂商把生意做好，中川政七商店也会从产业的扩大和良性运转中获得更长远的收益。

中川淳发现，虽然各地的工艺品逐渐复兴，但当地的旅游纪念品店仍销售着毫无特色的纪念品，而很多工艺品厂商在当地依然缺乏销路。中川政七商店成了这两者的桥梁。它向当地厂商提供商品策划，再收购工厂生产的纪念品，批发给纪念品店，做到“地产地销”。为了让这些纪念品充分传达当地的魅力，中川政七商店也会培训当地员工，教给他们运营和接待的方法。

中川淳将这些参与合作的纪念品商店称为“仲间见世*”，并且都由扎根于这片土地的本地人来经营，目标是拓展到 100 家。福冈县太宰府天满宫、三重县伊势神宫、岛根县出云大社前、北海道函馆机场等地都有中川政七商店公司参与振兴的痕迹。

2014 财年，中川政七商店总营业额虽然因为新店开业而有所增长，但既有店铺的营业额首次下滑。虽然只比上一年度少了 0.3%，但中川淳意识到，如果不改变整个大环境，开发新的工艺品品牌，依然会如逆水行舟。即便当地有某一个工艺品企业起死回生，产地的上下游企业衰败的话，生意也难以长期维系。

中川淳用波佐见烧举了个例子，由于一家陶瓷公司很难包含陶瓷制作的所有生产部门，所以如果坯料制造和坯体成型的作坊倒闭，陶瓷公司就难以正常生产，要解决这个问题，就需要改变有着几百年历史的家庭手工业模式，整合陶瓷制作的各个环节。树立新品牌只是提升业绩的手段之一，更重要的是找到让品牌在产地运转下去的商业模式，甚至需要去改变整个产地的生产模式。

在中川淳振兴日本工艺的愿景里，“工业旅游”和“工业革命”（改变产地生产模式）是并列的两大支柱。他受到了群马县富冈制丝厂的启发：它因率先在日本发起产业革命而被列入世界文化遗产，每年吸引上百万的游客。中川淳构想着，未来的工业旅游模式里，人们能够去产地工厂参观，再慢悠悠地享受当地的美食和旅馆，或许能让当地各行业的经营都重现生机。这是中川政七商店的新项目“SUNCHI”，将工厂与当地的人、美食、住宿联系在一起。

他将工艺品的生产现场比喻成“卫星”，吸引着人们体验当地的魅力，拉近使用者和生产者之间的距离。

*仲间见世：日语中神社、寺院前的商店街叫作“仲見世”，这里在词中加入“朋友（仲間）”的含义，化用作“仲間見世”来称呼这种伙伴关系，寓意着这些纪念品商店都是中川政七商店的伙伴店铺。

柳宗理：利用工业量产也能留下好设计

text
/
杨楚佳

photo
/
佐藤商事
NIKKO

1
2
3
4

柳宗理的设计不用任何装饰，适用于工业化生产，也因设计具备高精度，所以足以展示制造商的优良工艺。这些产品分别是蝴蝶凳（制造/销售：天童木工）（1）、不锈钢水壶（制造/销售：佐藤商事）（2）、N 型系列（最初为松村硬质陶器 N 型系列，1990 年起，由日本陶瓷厂商 NIKKO 接手制造/销售权，改由骨瓷制作）（3）、铁质平底锅（制造/销售：佐藤商事）（4）。

虽然现在白色素面的西餐餐具已经随处可见，但是在“二战”后的日本，所有的西餐碗碟上都印着繁杂的花纹，配上显眼而精巧的商标。皇宫里金碧辉煌的饰品、家具、壁画才是当时审美的典范。人们认为没有任何装饰的东西只能算半成品，纯白的餐具根本卖不出去。

当时日本为迎合欧洲对东方传统的好奇，推崇日本本土风（ジャポニカ），将传统装饰和现代材料强行嫁接。平面设计和餐具装饰中到处都是唐草、花朵的装饰；家电制造业的产品是让柳宗理最不能忍受的，电视机明明是现代技术的产物，却被装饰得像“佛坛一样金光闪闪”。但柳宗理认为，各种餐具、电器上加上刺激视觉的装饰，只是为了让人很快就厌倦，加速人们消费新商品。

看上去是一个反叛式的宣告，柳宗理成为工业设计师后的第一个作品就是一套纯白的陶器茶具，委托给松村硬质陶器公司量产。白色素面餐具上的装饰会隐藏铁点、气泡这样的瑕疵，如果没有任何雕饰，反而能够展现工艺和材质本身的优良。图案、花色是产品中没有功能性的、无用的部分，柳宗理在随笔里引用现代主义建筑师勒·柯布西耶的话来解释自己的做法：“将无用部分彻底切除的机械产品，自然而然就会朝向鄙视装饰的方向。”

受到柯布西耶的影响，柳宗理认为好的设计有 5 个标准：功能优良、使用现代科技、使用优良材料、适合大量生产、省去不必要的设计。柳宗理所喜爱的物品中，棒球、牛仔裤、人造卫星都并非由设计师特意设计，而是以功能为制作导向，才构成了独一无二的物品形态。

以这套白色陶器为开端，柳宗理在机械化的时代确定了自己的设计风格：他的作品没有任何花纹装饰，凭借好用的功能和舒适的使用感独树一帜，并将造型的美感融于其中。柳宗理最引以为豪的一件作品是从任何方向都可以撕取胶带的胶带台，它的底座敦实厚重，撕扯胶带的时候不会移动，而且有着光滑流畅的白色表面，形态很像一只小象，“象鼻”处的刀片可以切断胶带。

物品功能与质量上的突破很大程度上依赖于设计中对新材料的运用。20 世纪五六十年代，塑料材料层出不穷，日本国内已有厂家用聚乙烯生产了塑料椅子，英国也有设计师用聚丙烯设计了椅子。塑料的优点是便宜、易于塑形，但缺点是不够坚硬，当时市面上的椅子部件的组装处都很容易因为承重而坏掉。柳宗理也设计了聚丙烯椅子，他在坐垫和椅背的衔接处挖了一个洞，这样可以分散掉坐下来之后的重量，生产出的椅子不仅保持了塑料的轻薄感，还比市面上的塑料椅子都要结实。

早在 20 世纪 40 年代，日本政府提出了振兴出口策略，但出口种类从实用性工艺品转向高级化方针，以求赚取更多出口收入。政府还积极邀请海外设

3/Ⓟ NIKKO 4/Ⓟ 佐藤商事

计师协助开发产品，于是负责商业、工业的商工省（今经济产业省）请来了柯布西耶的助手、建筑师夏洛特·佩利安（Charlotte Perriand）担任出口工艺指导，柳宗理则受日本出口工艺联合会之托与之随行。

由于战时物资匮乏，佩利安一行能用的只有天然材料，在此期间反而诞生了很多用某种材料制成的特有物品。他们在日本东北地区拜访期间，见识了当地人用竹子编织的蓑衣和草鞋。柳宗理意识到，只有从材料本身的特征出发，才能从中挖掘出完美适配的功能和造型。以此为灵感，他利用竹子的弹性，制作了椅子和床。

要在设计时充分挖掘一种材料的潜能，并不是设计师能够独自完成的工作。蝴蝶凳是柳宗理最著名的作品之一，它采用了当时在日本尚未普及的胶合板*材料，柳宗理最初只有使用胶合板材料制作一把椅子的设想，但作为设计师的柳宗理并不具备生产胶合板的专业知识，为此他拜访了仙台市工艺试验所专门研究胶合板技术的人员乾三郎。在乾三郎的协助下，椅子的具体形态才逐渐成型，之后在当时唯一能在家具中使用胶合板技术的制造商天童木工投入量产，实现了用单一材料无法做出的形状。柳宗理把设计的过程看作设计师、技术人员和工人的分工合作，设计师从后两者掌握的科学知识中获取灵感，认识到当前技术的限制，从而调整设计的形态。

“真正的美是自然而然出现的，不是制造出来的。”这是柳宗理在跟随佩利安日本考察期间学到的工作理念。佩利安的设计不是从画图开始，而是从考察工厂开始：观察作业的机械，研究材料，才画出草图，然后询问工厂的技术人员和工匠它实现的可能性、适合的生产方式。如果可行，才开始制作模型，再根据模型实物调整设计，如此反复十几次后，才给出正式的设计图。

柳宗理在制作陶瓷餐具时，工厂的生产流程制约着设计的方方面面，但也正因此塑造了只有机械时代才会诞生的独特形态。比如设计餐具时，柳宗理既要考虑到餐具如何将食物衬托得更美味，也要保持造型的简洁，来让拉坯和塑形更容易，同时要让这种造型的结构在烧制过程中尽可能不歪斜。柳宗理会亲手制作模型，在这个模型中将各个条件都考虑在内：功能实用、顺应材料的特性、易于量产，最后诞生的是一个兼具这些要素的“必然”的物品形态。

柳宗理不做市场调查，他认为市场调查只能显示过去的数据，却无法创造出过去从来没有的作品，最终决定设计方案的是切身触摸物品的体感。在生产不锈钢水壶时，光是水壶把手的模型就有十种，不断地以毫米为单位，调整到使用手感最舒适的角度。

与追随流行风格而更新换代的装饰不同，柳宗理在自己的作品实现量产后，会根据使用时代的变化来改变物品的形态和材料，让设计在功能性上不过

柳宗理如何创造能量产的好设计

1. 产品不用任何装饰，以展现材质和工艺的优良
2. 将物品的美感融于具有功能性的设计中
3. 通过善用新材料来实现新的物品形态与更好的质量
4. 与不同工厂的技术人员和工人分工合作，挖掘原材料的潜能，拓宽设计的边界
5. 考虑生产流程的整个环节，设计出机械时代独有的造型
6. 用体感来检验物品使用时的舒适度
7. 在时代变化中更新物品的设计

*胶合板：胶合板技术是柳宗理从美国设计师查尔斯·伊姆斯（Charles Eames）和蕾·伊姆斯（Ray Eames）夫妇那里学到的。这是人类发明的第一种科技木材，由多层薄木片涂胶后压合而成，因为它抗扭曲的特性，所以可以压制成弯曲的形状。

在柳宗理眼中，好设计有五个标准：功能优良、使用现代科技、使用优良材料、适合大量生产、省去不必要的设计。

*公益财团法人：由捐助人捐助一定数额的财产而成立的团体。日本的财团法人分为"公益财团法人"与"一般财团法人"，前者的事业必须有益于社会发展，比如美术馆、动物保护等。柳工业设计研究会已于 2013 年由公益财团法人转为一般财团法人。

时。蝴蝶凳在设计之初，日本的房间大部分仍使用榻榻米，为了不损坏榻榻米，设计里削平了椅子脚，与榻榻米的接触面是两条细长的线。但是西方生活方式的居住空间融入人们的生活后，柳宗理就把椅子脚改为了四点接触地板的设计。

由于没有任何装饰，柳宗理的作品造型容易被抄袭，东南亚的工厂曾大量生产形似柳宗理设计的产品，但设计中功能性的细节逊色很多。柳宗理设计黑柄不锈钢系列餐具的初衷，就是创造出其他工厂绝对无法模仿的餐具系列。在日本新潟县燕三条地区的木工作坊里，柳宗理和柳工业设计研究会的设计师友冈秀秋找到了一种黑色的层压强化桦木，它既保留了桦木的天然纹理和光泽，又比木材更易于保养，是一种独特的材质，由此产生了用它来做勺子、叉子手柄的灵感。但将不锈钢本体与这种木材平滑地连接在一起非常困难，既涉及接合部分的加工问题，也要考虑这种制作方式能否应用在流水线，现有的工厂并没有制作的先例。

历经两年多的时间，制作近 50 个模型之后，柳宗理终于完成了黑柄餐具的工艺：木质握柄和不锈钢餐具头部的衔接处流畅平滑，几乎没有缝隙，看起来就像一个整体。由原材料衍生的设计灵感、由体感塑造的物件造型、与工厂共同开发的技术，共同构成了柳宗理不可复制的作品。

柳宗理一生设计了上百种作品，他在成为设计师后不久，成立了柳工业设计研究会，以公益财团法人*而非公司的形式存在，目的是兼顾经济与设计伦理，避免设计出以商业盈利为目的的作品。柳宗理设计开发的资金一般由赞助商或是委托设计的工厂预先支付。

柳工业设计研究会后来更名为"YANAGI DESIGN"。如今，柳宗理的儿子柳新一担任理事长，延续柳宗理的设计思路，还开发了新的产品，比如雪糕勺、柜台椅。

柳宗理系列产品从 1973 年开始有了展厅，两年后设立了直营实体商店 YANAGI SHOP。如今，这个实体店移至柳工业设计研究会旧址一个临街的小房间。商店只有几平方米，陈列着除家具以外所有柳宗理设计的商品。当然，它也有个官方电商渠道。

柳宗理于 2011 年过世之后，他的经典作品没有停产，大部分当年与他合作的工厂与企业仍然拥有这些作品的生产权和销售权，并在各自的渠道销售。也有新的工厂加入进来，复刻柳宗理的作品，它们需要经过柳工业设计研究会许可，并在研究会的监督和指导下制作。研究会的成员负责考量是否用新的尺寸、材质与形状，让复刻产品适应当下的生活。

几张泛旧的报纸，承载了瓷器包装的传统与智慧。

©涌波

报纸

老板，打包！

包装既承载了功能，也承载了设计。
景德镇瓷器的包装哲学体现在不同材质之间。

text
/
林洵

photo
/
肖南

雪梨纸

雪梨纸因其柔软可用来包裹娇嫩的雪梨而得名，当地人也喜欢叫它“报纸”。和报纸一样，雪梨纸也易塑形，且不存在报纸油墨会弄脏瓷器表面的风险，是景德镇当地最常用的包装材料。

蜂窝纸

蜂窝纸模仿蜂巢结构设计，拉开使用时，可拉伸至原长的 1.5 倍左右，形成无数个正六边形组合而成的缓冲空间，给被包裹的瓷器提供有效的缓冲保护。

礼盒

外层是普通的硬板纸，内部填有厚实的海绵垫，有很好的回弹力和可塑性，可以将瓷器牢牢包裹其中，免受碰撞的损坏。这类礼盒大多可以通用。

棉麻布袋

常常用来收纳单个茶杯或小茶壶。抽绳的开口设计便于取放，内侧有多层棉麻布料做保护，提供一定的减震保护。在景德镇，带个茶杯讨茶喝是种生活方式，棉麻布袋就成了最 in 的出行单品。

张亚林

景德镇陶瓷大学原设计艺术学院院长，江西省“陶瓷产品设计”教学团队负责人，中国工艺美术大师评委，出版《中国陶瓷设计史》《陶瓷与综合材料艺术》等著作。

© 肖南

text / 肖涵予

photo / 肖南 慢工造物

属于今天的
陶瓷设计法则：
我们需要怎样的陶瓷美学？

日用陶瓷在陶瓷艺术范畴中，是一类特殊的存在。

一方面，它是被用来满足日常生活所需的陶瓷器皿，与大众生活紧密相连，实用性是其设计的基本条件。另一方面，瓷器在维持着传统使用功能之外，也被赋予更高的艺术价值，成为设计师融入自己创作和设计思想的艺术形态。

如何在日用瓷器的设计过程中，达到“好看”且“好用”的双重标准，这其中有很多需要解决的问题。

景德镇陶瓷大学原设计艺术学院院长张亚林教授观察着从景德镇到中国陶瓷市场的变化，她同时是一名陶瓷艺术家，作品曾被送往法国、英国、日本等地展出。在张亚林看来，设计师需要不断提出问题、解决问题，身处不断变化的陶瓷市场，张亚林仍在探索适用于当下的陶瓷设计法则。

Q A

Q = 未来预想图（Dream Labo）

Z = 张亚林

Q：最近有让你印象深刻的陶瓷设计吗？

Z：市场上我个人比较关注的有两条线，一条是做传统路线，比如复刻、仿古，或者在此基础上的再创新。另一条是现代创意路线。让我印象深刻的就是最近去看的乐天市集。我记得在乐天市集刚出现的时候，从年轻人的作品当中，我看到更多的是“日韩味道”——用陶瓷的形式，表达泥土本身的朴素的美。但现在再去看，我觉得又跟几年前有所不同，产品的面貌更加多元、时尚，有各自鲜明的产品个性，色彩既有含蓄的，也有对比强烈的、跳跃的。装饰形式也不再拘泥于传统陶瓷的装饰形式，呈现出“非常规”的格局。

Q：在你看来，一个好的设计需要平衡哪些要素？

Z：日用陶瓷设计通常讲究“形式美”和“功能美”，同时因为材料的特殊性，设计师也会考虑“材料美”。这些对美的要求，决定了日用陶瓷与艺术的交叉。我们对功能的追求通常分为两个级别：一是基本的使用功能，例如茶杯就是为了满足喝水的需要；更高级别的追求则是提供更舒适的使用体验——让人用着趁手和舒服。好的设计是能同时平衡好这两点，它们之间是相辅相成的。

Q：市场喜欢的，是否就一定是对的/好的设计？

Z：日用瓷器这个市场本身是特别丰富的，不管是设计也好、生产也好，有各种不同层次的人参与进来，路径不一、追求不一，既不能说传统的是受欢迎的，也不能说北欧的就一定更好，这个市场是多元的丰富的。不同人群所设计或创作的东西所面向的也是不同的人群，没有绝对的标准。只是说我们做设计的人应该在一定程度上有去引导市场的义务，让它更符合当下人的需求，同时又能承载文化。但好的东西在市场上不是唯一的。

Q：在指导学生做设计时，你会如何要求他们？

Z：首先，我就会让他们去考察市场，做设计不是一拍脑袋的事，你要知道市场上日用陶瓷的基本面貌；同时，你要去做一个定位，要了解自己想要面向什么样的人群做设计。我一直跟他们强调，你不要设计给自己不了解不理解的人群，设计之前，你应该对这个人群有一个比较具体的轮廓，他们的生活、喜好和追求。还有一点很重要，就是他们的收入，或者说经济承受力。在这个基础上，你的设计、材料、装饰、工艺等都可能会受到这个成本的约束。但成本控制这一块在我们的课程当中是相对缺乏的。

Q：在生产成本等条件的制约下，有哪些方法可以帮助设计师去接近“好的陶瓷设计”？

Z：陶瓷其实挺复杂，不是说高水平的设计就能赢得市场，因为市场消费是多层次的。如果正式推出一款产品，有的企业可能会采用名家出样、画工跟着画的形式降低成本，让受众以可接受的价格，享受到相对优质的设计。

景德镇有很多半手工半机械化的案例：用模具大量制作统一标准的注浆产品，在它们还没完全干时，又用人工施加外力，让每件产品都有所不同，用更划算的方式，达到富有个性的效果。像彩绘装饰，也有一种做法，图案的装饰线条是印刷的，填色是手工的。这些做法都是为了在保证产品个性和手工味道的同时，相对降低成本与售价。

Q：你刚提到了仿古瓷，在景德镇，仿古瓷是一个不可忽视的产品类型，它的价值和意义是什么？

Z：景德镇陶瓷的文化底蕴太深，比如仿明清的器物，每一处装饰都有很深刻的内涵。如果没有学习过与陶瓷相关的传统文化的人，可能很难理解其中的审美和工艺价值。以前我在山东艺术学院做分享时，提到仿古也是有意义的，这个观点受到了在场其他教授的质疑，他们认为仿古不就是作假吗，为什么我还会赞同。但我认为仿古是有传承的价值和意义的，做仿古的师傅需要大量研究材料、工艺技术、造型、用料、装饰，其实也是在学习，向传统学习。

Q：仿古瓷还有哪些创新空间？

Z：现在有的人会设计一种新的瓷器造型，但从传统瓷器身上提取平面装饰，再次演绎。还有一种做法是在造型上摹仿传统瓷，而把装饰的细节交由设计师重新组合。也有抓住古瓷造型和装饰的基本特征，全新设计的。例如一些湖田窑味道的茶器，它们本身不是文物，却能有那种味道，就比较巧妙。设计师可能提取了斗笠碗的造型特征，或是当时常见的“花口”器形特征，再加上影青釉烧成。这样的再设计似古而非古，有古韵，但又符合现代人的实用及审美需求。

© 慢工造物

湖田窑瓷是青白瓷的代表，它们采用影青釉，具有玉的颜色与质感，造型简约。如今，景德镇仍有许多窑口专注湖田窑青白瓷的烧制，但在造型和设计上有所创新。

中外视角下的陶瓷设计，有何不同？

text
/
肖涵予

photo
/
肖南
Tonfisk Design
青拙

Ⓟ 肖南

于清华

景德镇陶瓷大学设计艺术学院产品设计教研室副教授，硕士生导师。2021年毕业于日本北陆先端科学技术大学院大学。2005年至今出版《品味芬兰·设计物语》《工业设计史》《北欧陶瓷产品设计》等8本学术著作。

中国有漫长的制瓷历史，景德镇是其中难以忽视的一个坐标，它标记着御窑厂与十大瓷厂高度发达的手工业技艺以及规模化的陶瓷生产。在各种行业都步入工业化生产的今天，各种厂商都在寻求既能够达到工业标准，同时也能制造市场反响的视觉设计。想在景德镇再次找出一个具备鲜明视觉记忆点的品牌，却好像不太容易。

与此同时，来自北欧国家以及日本的陶瓷品牌正不断聚拢人气，成为许多陶瓷消费者的首选。于清华就曾在日本与芬兰长期生活，在了解当地文化、陶瓷历史的基础上，她出版了不少与北欧陶瓷产品设计相关的书籍。如今，她在景德镇陶瓷大学教授产品设计，也为一些企业提出过创新的设计方案。

从产品设计的角度出发，陶瓷有哪些与其他品类不同的特质？跳出景德镇之外，别的国家和地区的陶瓷品牌都是怎样做设计的？带着这些问题，我们与于清华聊了聊她对陶瓷设计的理解。

QA

Q = 未来预想图（Dream Labo）

Y = 于清华

Q：我们看到国外有很多世界级的瓷器品牌，比如 Meissen、皇家哥本哈根、Wedgwood 等，但反观中国，却很难说出什么知名的瓷器品牌？相反，以地方为名的比如“景德镇制造”更容易“出圈”。你觉得造成中国日用瓷器品牌缺失的原因是什么？

Y：北欧的知名陶瓷品牌比较受欢迎，可能因为它们通常有着几百年的历史文化，比如丹麦的皇家哥本哈根创建于1775年，瑞典的皇家罗斯兰创建于1726年，芬兰的阿拉比亚瓷厂创建于1873年、伊塔拉则创建于1871年，它们都有长期的经营历史和品牌推广。反观景德镇，在景德镇十大瓷厂解散之后，那些代表先进陶瓷生产力的设备，是中小陶瓷企业无法去整合的。也正是在十大瓷厂解散后，景德镇开始出现中小型陶瓷企业、作坊、工作室。这是景德镇陶瓷转型发展的开始。这些中小型瓷厂起步是比较晚的，与西方国家相比，缺少具有百年底蕴的陶瓷品牌，这是我们和欧洲陶瓷品牌建设过程中的差距。

Q：在景德镇，手绘功夫非常被看重。但不少北欧陶瓷品牌采用工业化的贴花技术，依然有不错的反响，手工艺在现代日用陶瓷市场上还重要吗？

Y：我并不在意陶瓷产品的装饰是用手绘还是贴花，对于装饰，每个人都有自己的一套看法，有的人认为手绘比较高端，在我看来，看着

© Tonfisk Design

Tonfisk 暖系列茶杯。这个系列由来自爱尔兰的布莱恩·基尼（Brian Keaney）设计，在与瓷杯形成视觉对比的同时，木质杯套也能起到很好的隔热作用。

美，就好。我在北欧看到的陶瓷装饰里，可能只有皇家哥本哈根的产品是采用手绘工艺的。其他的代表性品牌比如说芬兰的伊塔拉、阿拉比亚，还有瑞典的皇家罗斯兰，它们都会采用贴花纸来装饰。生活在不同文化背景下的人对于这种装饰审美的理解也不同，有的人可能就喜欢用简单的釉色，不需要纹饰，所以你的审美、你的品位决定了你对于器物的不同要求。

Q：除了“装饰美”，日用陶瓷的设计通常还涉及哪些维度的创新？目前有哪些创新手法？

Y：对于日常生活中的陶瓷用品，一些传统的造物设计手法是适用的，比如和谐、平衡、韵律、力度和风格，这些设计法则都可以应用于日用陶瓷产品的设计。

“和谐”是指事物和现象的各方面相互配合、协调一致，是多样变化中的统一。在陶瓷产品设计中，产品造型和装饰的和谐统一很重要。“平衡”是符合自然的法则，同时也适应人们的心理特征。陶瓷产品设计中的平衡手法是把力学的基本原理与心理学现象相结合。此外，由人们心理活动与自然和谐产生的“韵律”、作品让人视觉与心理上感受到的“力度”、符合当代人生活方式的“风格”，也都是陶瓷产品设计需要考虑的方面。

Q：在全球范围内，有没有让你眼前一亮的陶瓷设计创新？

Y：大部分设计师喜欢在陶瓷材料本身做文章，但其实不同材料之间的对比，有时更能凸显器物的美感。比如芬兰设计公司 Tonfisk 推出的 WARM 系列茶杯，尽管只是将木制的杯套套在陶瓷杯体外围，但这种材质对比设计出来的产品给人一种简约的美感，不需要太多的纹饰。

Q：观察了其他国家的陶瓷产品设计后，你认为中国的陶瓷设计还可以怎样去做？

Y：中国的陶瓷还是要从中国文化的底蕴去做。中国文化是我们的"根"，北欧文化是他们（北欧陶瓷品牌）的"根"。例如你会在伊塔拉的魔幻森林系列里看到大量的猫头鹰、孔雀元素。在我们的中国文化里，猫头鹰被认为是"夜猫子进宅无事不来"。但是在北欧文化里，猫头鹰和孔雀代表着吉祥和好运。所以我们要立足于我们自己的文化，做出我们的设计。景德镇目前的陶瓷产品的品质和设计都不错，香炉品牌青拙、瓷艺家叶文怡的作品都很有特色。

© 青拙

Q：探索更好的陶瓷产品设计、培养设计人才的过程中，我们还可以怎样做？

Y：其实陶瓷产品设计的发展也受到教育模式的影响。我们的工业设计专业目前还没有专门针对陶瓷的设计课程，而现实的情况是：陶瓷产品设计是非常需要工业设计的理念的，它不仅需要传统模式中的造型与绘画技法，而且也需要我们专业（工业、产品设计）的一些课程，来形成真正的工业产品设计创意的引导。

学生通常要在了解陶瓷制作工艺的前提下设计陶瓷产品。产品设计专业的弱点可能在于，我们（师生）还不够了解专业的陶瓷工艺，有很多设计方案往往是无法烧成的，所以必须把两方面结合起来。如果未来陶瓷设计与工业产品设计这两大方向的教育能够融合的话，陶瓷产品设计或许会有一个更好的发展。

青拙狮熏的原型出自北宋李公麟的《维摩演教图》，采用传统青白瓷雕刻技法，曾获全国香器具设计制作大赛金奖。

来景德镇探店一定要做好吃闭门羹的准备，
即使在营业时间，
店主也可能时不时地关门，
他们要么骑着小电驴溜回工作室，
要么是去朋友店里串门喝茶，这些事都比看店重要。

对他们来说，店铺更像是个和朋友、同好聊天交流的空间，也有店铺专门做“中间商”的角色，
把艺术家朋友们的作品放在店里展示或售卖，
总之，随意。

不过，如果你正巧遇到店主，
不要轻易“放过”他们。
不管是关于釉料、瓷土相关的专业问题，
还是景德镇的历史、八卦，一旦聊起来，
他们会很乐意满足你的好奇心，
让你舍不得离开这方充满人情味的小天地。

在景德镇买点特别的

text
/
林洵

photo
/
肖南
潘凌

© 肖南

一方庭 壹

营业时间：10:00—22:00

地址：景德镇市陶艺街东方明珠小区南区 8 号

小红书账号：一方庭IFFINDING陶瓷（ID：IFFINDING）

© 潘凌

© 潘凌

© 潘凌

© 潘凌

如果要列举景德镇重要的买手店，一方庭绝对榜上有名。可以说，逛一方庭是了解景德镇陶瓷艺术发展的渠道之一，年轻艺术家在做什么，现在流行什么，这里都可以找到答案。

老板江智徽是土生土长的景德镇本地人，以前出去旅游时就爱收集心仪的陶瓷作品。这些年他在亲历景德镇逐步繁荣的同时，也把目光转向了本地市场与艺术家，持续寻找具有艺术与商业价值的人和作品，推向大众。

从雕塑瓷厂到陶艺街，一方庭共有四家功能不同的门店：咖啡画廊生活方式店、中古瓷器店以及两间手作陶瓷作品买手店。不同分店的产品风格不一样，但都经过统一标准的筛选；既能在这里了解时下景德镇的陶瓷艺术走向，也能看到景德镇发展过程中不同阶段的具体形态。在这里，眼花缭乱是正常的，但最后总能找到击中你的那款。

潘凌

潘凌

白果日杂

贰

营业时间：13:30—22:00

地址：景德镇市陶艺街东方明珠小区 21 栋 24 号

小红书账号：白果BAIGUO（ID：178787487）

白果开在居民区里，隐藏在一群卖烤串凉皮小龙虾的推车后面。

开店并不是店主阿昆一开始的想法，白果更像是她多年收藏瓷器的展示间：数量不多，都是珍爱。即便哪天店不开了，她还是会继续和这一屋的瓷器作伴。

这是阿昆来景德镇的第十年，在此之前，她是乐天北京较早一批员工。在那工作了三四年，因为厌倦了对游客的迎来送往，到了景德镇，她特意避开了人气很旺的雕塑瓷厂，选择隐在居民小区的楼下。

在白果，每拿起一件作品，阿昆都能给我讲出这个艺术家和创作相关的故事，“好玩”“有趣”是她最常说的词语。店里的很多瓷器已经“绝版”，艺术家本人可能都没有存货。在这里，有时不像在淘瓷器，而像是在收集故事。过去的那些时间、经历和思考，不管是阿昆的还是艺术家们的，都凝结在这些瓷器里。

肖南

潘凌

每盐所 叁

营业时间: 10:00—18:00

地址: 景德镇市雕塑瓷厂主干道中段

小红书账号: 每盐所 (ID: callworld)

肖南

肖南

肖南

肖南

肖南

拍纪录片出身的老板告诉我，一个人诚实与否是其看人时重要的判断标准——不管是在挑选拍摄对象，还是合作的艺术家时。

每盐所是在原雕塑瓷厂“美研所”部门的空间里改造的，在保留老厂房空间格局的情况下，每盐所在四个隔间里摆放了约 60 位陶瓷艺术家的作品，其中一个空间专门给艺术家举办小型展览。

虽然产品种类繁多，但丝毫不显凌乱，相邻的瓷器们“友好”地散发着自己的独特魅力。店员们也很热衷于让瓷器们交新朋友——在前一个空间刚看到的系列作品，拐个弯，你又会在新的作品旁再次看到它。

瓷器以外的布置也值得认识：摆放瓷器的桌子是美研所的“原住民”，墙上挂着雕塑瓷厂时期的平面图，是老板在装修前偶然捡到的；那块铁皮则是老板和朋友在废弃工厂淘来的，一块挂在每盐所，一块挂在朋友的工作室里。

从雕塑瓷厂的南门往里走，在第一个岔路口的围墙上，站着一排形态各异的犀牛。向前走左拐，还有几只犀牛在树桩下翘着犄角；正对面，挂着原本只有古装剧里才能看见的酒旗，大大的木质牌匾写着：犀牛咖啡酒馆。

你可别误以为这是个让你坐下来喝个下午茶的地方，事实上，说是咖啡酒馆，这里更像是店主徐江的作品展示空间。你一定猜到了，他的作品几乎都和犀牛有关。

© 肖南

在中国的民间传说和图腾信仰中，犀牛是神物，象征吉祥如意。中国犀牛主要有三种，印度犀、苏门答腊犀和爪哇犀，然而随着栖息空间的减少以及人类的大肆猎杀，1957 年，野生犀牛彻底在中国消失了。

徐江从大学毕业后就一直在做犀牛，以至于熟练到拿到一块泥巴，他十几分钟就能捏出一个犀牛的雏形。店里每个犀牛的品种、大小、神态、颜色和材质都各不相同，如果你感兴趣，他有耐心慢慢给你介绍犀牛背后的故事以及不同犀牛间的细微差别。

在雕塑瓷厂里，徐江还有个自己的工作室，那是他玩的地方，打家具、做茶壶、学《易经》，一切都按照自己的节奏和方式来。至于在哪？跟着犀牛走就对了。

© 肖南

© 肖南

犀牛咖啡酒馆

肆

营业时间：10:00—22:00

地址：景德镇市雕塑瓷厂新厂东路

小红书账号：犀牛与樱花（ID: 4132238571）

© 潘凌

© 肖南

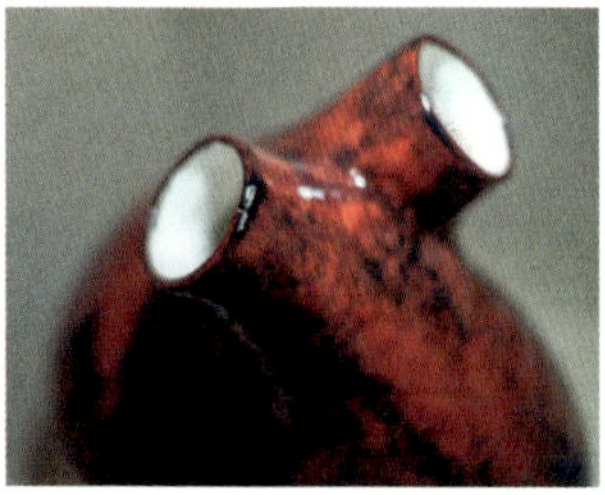

© 潘凌

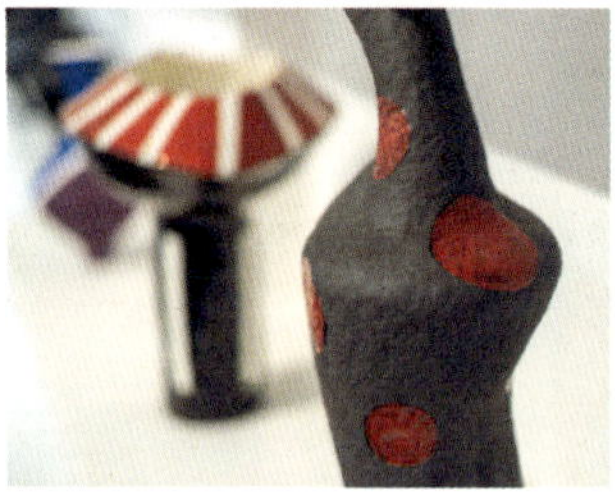

© 潘凌

第一次路过这家店是在某个下午，没有开门，外墙也没有招牌。我趴在玻璃门上向里张望，立刻被陈列的花瓶吸引，略显狭长窄小的白色空间里，有四排形状、颜色各异的花器；风格的多变，让我根本无法形成一个统一印象，直到现在，我依然很难准确向你描述这些花器的设计风格。

这些都是老板大丹的作品。她说自己做花器时没有设想过什么，几乎都是刹那的灵感；也不会被规则教条或者别人的经验束缚，有新想法毫不迟疑立刻就做，只要自己觉得好看就行。所以在她的店里，每个花器都很值得近距离好好观赏，不论是造型、颜色，还是材质、工艺都不会让你有似曾相识之感，它们好像反复在打破你对花器的认知局限，但又不会让人觉得突兀，大丹似乎掌握了其中平衡的秘诀。店内的“克莱因蓝”让我印象深刻，大丹说这是在她被伊夫·克莱因的故事吸引后花了一年多时间还原出来的，而内壁搭配鲜艳的橙色，则来自于某天她看到的漂亮的夕阳色。这些花器在我看来就是大丹对生活和日常思考的记录，是她的“日记”，随性但不随意。就连店内设计——墙壁被做成类似洞穴模样的陈列空间，也是在装修当天，她和师傅在现场碰撞出的结果。

大丹陶瓷 伍

营业时间：19:00—22:00

地址：景德镇市陶阳南路 26 号

小红书账号：大丹陶瓷（ID：747421813）

知碗 陆

营业时间：10:00—22:00

地址：景德镇市陶溪川文创街区 B9-116 室

小红书账号：

知碗ZwonGallery（ID：1053883053）

和大多数陶瓷店精心布置橱窗不一样，站在知碗的门口，你看不到任何瓷器和展架，只有一堵墙和一句标语，上面写着“围绕日常，探索爱与希望”。

这种留白设计同样体现在知碗的内部空间：区域很大，但摆放的瓷器不多。店主陈小雨被店员形容为“艺术洁癖”，店内所有的瓷器和使用的釉料都是她自己设计的，如果没有适合的作品，她宁愿空着展架。这让我走在知碗的每一步，都不会有扑面而来的局促感，可以轻松地在每个作品前驻足，不担心错过任何一件。

“云山杯”系列是陈小雨非常满意的作品，系列中的每个杯子上都有一幅水墨画，在聚光灯下，既能看到胎体的轻盈和透亮，又能看到山水的青翠和秀丽。这一设计灵感来源于诗人王维的《终南山》，陈小雨把自己对于诗中悠远而宁静意境的想象都凝聚在这个小小的容器上了。她希望知碗就像一间书店，里面的每个瓷器都有自己的灵魂和故事，像书一样，等待那个懂得欣赏它的人仔细品读。

© 肖南

© 肖南

© 肖南

© 肖南

如果你有时间，这些店铺也值得逛一逛

假设你想买年轻艺术家的作品

在野
雕塑瓷厂内早期的艺术家买手店，能淘到不少有特色的小玩意。
营业时间：10:00—18:00
地址：景德镇市雕塑瓷厂内凌霄巷子 8 号
小红书账号：在野商店（ID：XiaoYePoPo）

JOY 悦 GALLERY
很干净的店铺，集合了多位日本陶艺师的创新设计。
营业时间：10:00—18:00/10:00—22:00
地址：景德镇市雕塑瓷厂内乐天市集旁/陶瓷大学新厂校区对面景福楼旁
小红书账号：JOY 悦 GALLERY（ID：joygallery）

迩边集
器物种类丰富，大到花器，小到杯碟，侘寂风居多，旁边还有个茶院。
营业时间：9:30—18:30
地址：景德镇市雕塑瓷厂内
小红书账号：邊 Studio（ID：BianStudio）

物喜
产品多以粗陶、粉引为主，偏素色哑光质感。
营业时间：14:00—23:00
地址：景德镇市陶艺街陶阳新村转角处

小也商店
日式、简约的设计风格，贯穿装修、陈列方式和器物，既是买手店，也有自有品牌。
营业时间：10:00—22:00
地址：景德镇市陶艺街 8 号
小红书账号：小也（ID：6515392742）

旷野集
主营日用餐具、咖啡杯、花器，以飞鸟花卉植物的手绘为主，喜欢小清新的会爱上。
营业时间：9:00—18:00
地址：景德镇市雕塑瓷厂主干道
小红书账号：旷野集（ID：101863147）

假如你想买些传统日用瓷

国贸陶瓷市场
这是景德镇最大的日用瓷市场，是淘货的首选，从餐具茶具到花瓶大缸，器形齐全，但价格虚高，记得还价。
地址：景德镇市广场南路 46 号

曙光路
沿街陶瓷店不少，本地人常会带朋友去买货，价格相比国贸略便宜一些，周一凌晨的"鬼市"也在这里。

新都民营陶瓷园
这里是景德镇中高端瓷器的批发市场，当然也对个人出售，想买茶具的可以去这里，手工手绘居多，是很多高端瓷器店拿货的地方。
地址：景德镇市龙井路与兴园路交叉口

景漂

景德镇允许人们"漂"在这儿，只做自己想做的事。

© 潘凌

text
/
邓依云
顾笑吟
林洵

photo
/
潘凌
Fabian Ong

三宝之路：从最深处萌发，

从景德镇市中心的御窑厂出发，往东南方向开 10 公里的路，就会进入三宝村。说是村，其实是山谷之间一条长约 10 公里的狭长平地，一条三宝路从村外一直贯穿到山谷深处。

三宝村的上一个兴盛时期要追溯到约 1000 多年前的五代十国时期。当时它是景德镇瓷土的重要产地，此地产出的瓷土质优，传闻每天的产值相当于三个金元宝，因而得名“三宝”。与三宝村相邻的湖田村，则有着因烧制青瓷和白瓷而闻名的湖田窑。但后来，瓷土资源枯竭，三宝逐渐退为一个交通不便、人烟稀少的普通山间小村。

© 潘凌

而在 1000 多年后的 21 世纪，三宝以另一种方式兴盛起来，它成为外地游

走向外面的世界

山谷深处有保留老民居的国际陶艺村，山谷外则有建造了住宅、美术馆、园区的国际瓷谷，三宝的内和外，远远看去就像完全不同的世界。但实际上，两个世界紧密相连，而变化的根源恰恰在山谷深处。

客来到景德镇的必游景点之一。这里开设了与陶瓷相关的工作室、美术馆、酒店、民宿、商铺，甚至产业园。“三宝”也不再仅仅指代三宝村，而是范畴更大的“三宝国际瓷谷”。

有意思的是，当代三宝的诞生过程，与三宝村的地理形态互相对应。它的蜕变过程，是从山谷的最深处萌发，然后一步步向外扩展的。在这个过程中，村民、艺术家、生意人、官员在这里来来往往，共同塑造了如今复杂的三宝。

1 深谷中的起点：陶艺村

在三宝的深处，有一面用废弃的瓷碗、瓷瓶、瓷像等建成的“陶艺墙”。这是三宝村所处峡谷的最深处，是如今许多游客来到三宝最重要的打卡点，也是三宝发展至今的起点。

20 世纪 90 年代，毕业于景德镇陶瓷学院（今景德镇陶瓷大学）的李见深在美国深造后回到景德镇，并且带着海外的陶瓷艺术家在景德镇游览考察。偶然机会，李见深发现了三宝村，并被这里群山环抱、溪流淙淙的自然环境打动了。“当时的那个声音、那个响动，让我的两条腿走不动。”李见深在一次演讲中回忆。

就在那一年，李见深买下了三宝村的一片农宅，将它们改造为陶瓷工作室，建起了三宝国际陶艺村。他还和一位美国艺术家一起在景德镇搜集废瓷，前后用了一个多月的时间，筑起了陶艺村门前这面“陶艺墙”。

在李见深眼里，三宝村是一个适合的陶瓷创作的据点—这里有陶瓷的历史，可以随时前往景德镇，但又和城市保持距离，有着城里难寻的自然环境。

1998 年，李见深和妹妹李文英开始在三宝为国际艺术家提供驻场服务。当时，类似的艺术家驻场项目已经在海外流行，即由基金会、艺术组织、个人等提供场馆和创作条件，邀请艺术家驻留创作，但在中国几乎没有。后来这一风潮在景德镇流行，进驻景德镇的乐天陶社和近年来兴起的陶溪川文创街区都开始设置艺术家驻场项目。

陶艺村的国际艺术家驻场计划采取申请制，驻场艺术家每周支付 500 美元。除了提供住宿和餐饮之外，李文英会带艺术家参观游览景德镇和相关工作室，介绍陶瓷文化和工艺，还会邀请一些手艺人来陶艺村向他们现场展示陶瓷制作的各种环节，给他们提供制陶所需的材料、工具等资源。在陶艺村，艺术家通常驻场三个月到一年不等，完成部分作品后就在陶艺村做展览，也可以将作品放在商店里售卖。

驻场计划的规模是从一个艺术家开始慢慢壮大的。李文英记得，第一个驻场艺术家在陶艺村待了三个月后，回国便在美国的一本陶艺杂志上发表文章介绍了三宝国际陶艺村，打响了陶艺村和驻场计划的名声。一个个艺术家

虽然他自己不愿这么说，但李见深和陶艺村的驻地艺术家共创的“陶艺墙”，的确是整个三宝“出圈”的契机。时至今日，这也是三宝这个“旅游景点”最热门的拍照地。为了拍摄一张没有游客遮挡的陶艺墙全貌，摄影师等待了约 25 分钟。

三宝村是一个适合的陶瓷创作的据点——这里有陶瓷的历史，可以随时前往景德镇，但又和城市保持距离。

来到陶艺村驻场，李文英就一间间改造房屋。最火的时候，一年就有数百个艺术家在这里驻场。

日本陶艺家高柳绫绪也是从朋友那里知道的陶艺村，2013 年，她来到陶艺村驻场，住在陶艺村最北边的房子里，一待就是 8 个月。有广州的陶艺家看中了她的作品，一下子买了 1000 多件。在她的印象里，尽管陶艺村的食宿条件一般，但驻场的国际艺术家的交流氛围还算不错。

陶艺村因此成为景德镇国际交流的引领者。按照李文英的描述，2004 年，景德镇创办了首届国际陶瓷博览会，其中有 100 多位参会的国际陶艺家都是由李见深兄妹邀请来的。直到现在，每逢有外国官员、使节来景德镇访问，陶艺村仍是必选行程之一。

结束在陶艺村的驻场后，因为喜欢三宝的自

© Fabian Ong

然环境，高柳绫绪和丈夫在三宝开设了自己的工作室“无边窑”。“在这里可以看见山，可以在大自然中做陶瓷，会有一种被治愈的感觉。”高柳绫绪形容说。

许多像高柳绫绪这样的外国陶艺家在三宝设立起个人工作室，带动了三宝的艺术氛围。与此同时，距离三宝村不到 5 公里的景德镇陶瓷大学新厂校区也在某种程度上助推了三宝的活力。2004 年搬到湘湖之前，新厂校区是陶瓷大学的主校区，不少师生开始选择在三宝租房、买房、开工作室，因为这里自然环境好、生活成本低。

在景德镇本地人王悦看来，景德镇在陶瓷生产制作上所具有的得天独厚的优势带来了便利的基础，而三宝的山水田园风光对于艺术家更是具有天然的吸引力。“那时候的三宝是一个原始的状态，艺术家们把这里作为一个适合生活和创作的地方，而不是一个卖东西的地方。”

2

商业的发端：“不太景德镇”的三宝蓬

从三宝国际陶艺村往外走 600 米，就是肖学锋创立的“三宝蓬艺术聚落”。与朴素的陶艺村相比，三宝蓬里的建筑显得时尚而精致。

如果说国际陶艺村让三宝村重新被发掘成一个艺术家聚落，那三宝蓬则开发了一个艺术聚落的商业潜力。

2014年，在武汉做地产生意的肖学锋经人介绍，接手了三宝村一块约 3.33 公顷的土地。第一次来三宝时，三宝村里还没有铺上水泥路，甚至没有通城市用电和自来水，但肖学锋已经感受到了旺盛的生命力：“就像春天 3 月份的草一样，你可能还没注意到，但它已经很有生命力了。”在他看来，三宝村已经聚集的艺术空间是稀缺的旅游目的地资源。

不过，肖学锋也认为那时的三宝“相对内向”，所有的工作室都是小小的、属于个人和小圈子的创作空间。而他想把三宝的艺术创作引向大众，并且引进更多适合普通人的商业业态。

对于常年没有新地产项目的三宝村而言，三宝蓬是个野心勃勃的开发计划。截至 2023 年，三宝蓬内共有 9 组建筑，除美术馆外，还有 3 个咖啡手作空

1 / ⓟ 潘凌

用吸引眼球的建筑设计来吸引游客和创作者，这是肖学锋在规划三宝蓬园区时就想好的。每个建筑都会力图有鲜明的、可传播的视觉印象。不论是艺术空间水月馆（1）和晌山餐厅（2）的外观，还是三宝蓬美术馆的内景（3），都是如此，甚至各个酒店统一的红砖风格也是有意为之（4）。

2 / ⓟ 潘凌

3 / ⓟ 潘凌

4 / ⓟ Fabian Ong

间、5 个民宿酒店以及 30 多个艺术家工作室，所有建筑均是新造的。

三宝蓬美术馆是三宝蓬园区内第一座落成的建筑，也是三宝蓬受到关注的起源。三宝蓬美术馆是一座几何形建筑，宽 12 米，长 150 米，墙壁用夯土建成。2015 年申报方案时，三宝蓬美术馆的设计一度因为过于超前而遭反对。“当时做规划的时候，定位是开放、时尚、多元，那些词在当年还被认为不太符合景德镇的气质。”肖学锋说。但在 2017 年落成后，三宝蓬美术馆就获得了美国 AAP 建筑学奖 2017 年度最佳文化建筑奖。

虽然当时陶艺村已经名声在外，但对游客而言，村庄老宅那些没有招牌的工作室并没那么容易踏进去，三宝蓬成了一个合适的选择。2017 年，陶溪川文创街区刚开放不到一年，御窑博物馆仍在修建新馆，刚刚落成的三宝蓬因此成了领导考察和游客驻足的首选地之一。

三宝蓬的民宿酒店风格各异，既有主打露营体验的营地酒店，也有艺术主题酒店。几个咖啡手作空间在售卖咖啡之外，还会销售陶瓷器皿、首饰等。按照如今流行的说法，这是一个陶瓷商业综合体。

像肖学锋这样的“景漂”是三宝蓬里这些品牌空间的运营主力，其中不少都有在国外生活或留学的经历。也有一些景德镇本地人选择来到三宝蓬。

三宝蓬内一家咖啡手作空间“日常咖啡”的店主王悦就是本地人。来三宝蓬开店之前，王悦已经做了十多年的陶瓷工作室，自己设计和制作生活器皿，由合作伙伴协助销售。2023 年，王悦把目光转移到了咖啡器具上，这在景德镇算是新尝试。这座城市茶文化浓厚，甚至出租车司机都会在车里摆上一个青花瓷茶杯。

但对三宝蓬的外地游客来说，咖啡是很自然的选择。除了咖啡饮品之外，日常咖啡的一大特色是使用王悦自己设计的咖啡杯等咖啡器具。在店铺三面的展示柜中也摆放着这些咖啡器具，可以对外销售。

王悦十分认同肖学锋“开放”的观念，据他观察，景德镇有许多优秀的陶艺家，但他们通常只有自己的工作室，不开设店铺，不面向大众销售产品，普通游客和消费者无法接触、了解他们，这让他觉得有些惋惜。开设日常咖啡这个体验空间，也是王悦向外的一次尝试。

如今，三宝蓬已经成为三宝里除陶艺村外最火的打卡点。即使并非周末，在不空山的庭院内，仍有许多游客排着队游览和拍照。肖学锋乐于看到这些打

“我们想保留三宝清净的环境，尽量让它不要太商业化，但毕竟我们已经投入了这么多钱。”

卡照在社交网络上传播。

“李见深老师的三宝国际陶艺村和三宝蓬是两种完全不同的状态，无法评判谁好谁坏。陶艺村保留了乡村原始的面貌，我觉得非常棒，但三宝蓬可能更代表着城市当下和未来的发展气质。”肖学锋说。

3
全面开发的三宝：离开的与留下的

从三宝蓬继续往外走，三宝路两边的房屋逐渐密集，餐馆、咖啡馆、民宿、买手店、工作室……一直到三宝路的起点，沿街近 5 公里都是各种各样的店铺，仿佛已经成为一片商业街区，热门的餐厅在就餐高峰期都要排队。

这些业态是在 21 世纪的第二个十年逐渐在三宝村长成的。在景德镇市区开了近 20 年服装店的田晓月 2023 年搬到了三宝，她看中了三宝昼夜温差大的气候条件，租下一栋带小院的房子，在院子里养了一片多肉植物。她原本只是想发展自己的园艺爱好，并没有打算销售，然而自从来了三宝，每天都有游客驻足向她询问价格，后来田晓月干脆也松了口，“有人喜欢我就卖”。做陶瓷的亲友常常送给田晓月一些有轻微瑕疵的花瓶和花盆，田晓月也把这些瑕疵品摆在了院子里，售价 10 到 20 元，一天就能卖出三四十个。

不过，与完全按照规划建成的陶溪川文创街区不同，三宝几乎是自然生长出来的。“你不知道哪天哪个地方会突然冒出一个什么东西，三宝就是这样的状态。”肖学锋说。相比景德镇市区的商业街，这里的节奏更加缓慢闲适，你可以随意地走进一家小店闲逛，和老板喝喝茶聊聊天，悠闲地坐一下午。

2021年徐朗来到三宝开店，正是看中了村里的生活节奏。出生于广东佛山的他在深圳、杭州和上海都待过不短的时间，对他而言，来到景德镇在某种程度上是一种“躺平”的选择。他也去陶溪川考察过，但陶溪川对于园区内店铺的开关门时间有一定的要求，不如三宝自在。“在三宝做生意的人都比较‘佛’，我们这种状态和性格在陶溪川是生存不了的。”徐朗说。

在三宝，徐朗每天睡到自然醒才营业，有时会一觉睡到11点，有时也会早起去山里晨跑。心情不好的时候，他就直接关门，和三五个朋友一起开着车，带着折叠桌椅，躲进三宝更深处的山里喝酒、看日出。“五一”假期的时候，徐朗在店铺外面的小院里搭起桌椅和烧烤炉，和朋友们喝酒聊天，每天闹腾到凌晨两三点钟，第二天下午才开门营业。

徐朗的品牌“一皿”主营陶瓷花器、茶具和服装，除了门店之外，产品更多通过电商渠道销售，受限于门店规模，电商上架的货品甚至比门店更多更全。此外，品牌还会参加各种相关的行业展会，通过展会获取一些订单。对于徐朗而言，门店本身并非主要的销售渠道，而是一个实体形态的背书。

在徐朗看来，在三宝开店的大致可以划分为两类，一类是像他这样在一线城市攒了些积蓄，没有太高的追求和太大的生活压力，来“躲清静的”；还有一类则是本身经济实力雄厚，在三宝开工作室“摆状态的”，对于他们来说，这里只是一个接待的场所。

越来越多“景漂”和游客的到来也让政府看到了三宝的开发价值。2010

Ⓟ潘凌

年，三宝村所属的景德镇珠山区政府投资成立景德镇市珠山区国有资产经营管理有限公司（以下简称“珠山国资”），于 2015 年开始介入三宝的开发建设。2020 年，珠山区设立了下辖的经济开发区，三宝村被划入其中。

“三宝国际瓷谷”的概念即由珠山国资提出，珠山国资在这里做的第一件事，就是花了上亿元改善了交通、水电等基础设施，如今这条一直延伸到元溪村的双车道的三宝路，就是那时候重新拓宽修建的。珠山国资还在三宝路上运营了往返观光车，从湖田到元溪村共设置了 8 个停靠站点，方便游客观光游览。

为了完善餐饮住宿等配套设施，丰富三宝的商业业态，吸引更多高品质商家入驻，珠山国资通过投资的方式率先引入了一批商户。三宝蓬内的隐居景德艺术酒店，就是珠山国资在三宝引入的第一家酒店。珠山国资董事长张跃军说，截至 2023 年 5 月，珠山国资在三宝共投资了 8 家商户，涵盖住宿、餐饮、休闲娱乐多种类型，“希望可以起到引导的作用”。

三宝蓬的成功也鼓励着政府更大规模的投资。在三宝蓬的正对面，就是 2017 年落成的洛客设计谷。这一项目由珠山国资与洛可可设计有限公司合作建设，希望聚集设计师等艺术人群入驻创业，总投资接近 8 亿元。6 年过去了，这个占地面积超过 6.67 公顷的园区仍显得空空荡荡。

再往外走到三宝寺附近，在原中航工业昌河飞机工业集团老厂房区域，珠山区正在建设一片占地面积达 16.8 公顷的瓷源境文旅产业园区。以三宝寺为界，园区分为南北两部分，南区主要为大师工作室和创客人才服务中心，北区则包括陶瓷制作、展示、销售、文化演出等开放平台，看起来与陶溪川创意园区颇有些相似。

三宝里的大多数人都认同政府在基础设施建设上的成果，但对于政府建设和运营的这几大项目，许多人持保留态度。除了洛客

如今三宝村靠外的部分已经像是一个颇具规模的小镇，民居、窑口、陶瓷店、旅游设施混合于此。相比于景德镇市区，这里租金低廉，陶瓷的同行多，如今三宝大多数与陶瓷相关的“景漂”，其实都居住在这里。

随着政府主导了整个“三宝国际瓷谷”的开发，三宝的面貌变得纷繁复杂起来，多了许多与陶瓷无关的项目，比如图中这个景点，是以汽车露营为主题。

设计谷和瓷源境产业园区，珠山区政府还在三宝设立了夜市、汽车电影院等产业项目，并与央视网合作创办了“央视网 · 瓷”数字文化产业基地。但在一位来到三宝近十年的“景漂”看来，政府对三宝并没有清晰的定位和方向。

对于三宝的发展，珠山国资的确存在自己的矛盾与困惑。它想让三宝成为国家级旅游度假区，又希望它是一个受艺术家群体认可的“朝圣地”，同时，作为一家企业，它还得考虑盈利。“我们想保留三宝清净的环境，尽量让它不要太商业化，但毕竟我们已经投入了这么多钱，所以很纠结，找到平衡点非常困难。”张跃军坦言。

不仅仅是珠山国资及其所代表的政府，三宝最早的参与者也面临相似的困境。

新冠肺炎疫情暴发后，国际艺术家驻场计划被迫中断，为了维持经营，李文英开始将一些房间作为民宿对公众开放。在携程上，李文英将自己的民宿叫作“三宝国际陶艺村博物馆民宿”，宣称是“可以住的博物馆”，既不想放弃以博物馆为核心，又担心名称中没有“民宿”二字会在搜索中处于劣势。

徐朗觉得三宝路还是太窄，难以承载更多的游客。2023 年“五一”期间，三宝路堵得水泄不通，原本开车 5 分钟的路程足足需要半个小时，停车位也都被游客占据。但他也担心马路拓宽之后，三宝就失去了他喜欢的那一份乡土气质。“现在的三宝路没那么宽，因为周边烧制陶瓷，空气中也会有些粉尘，偶尔还有村民爬上路边的枇杷树摘枇杷。它不像大城市那样干净整洁，但这也是三宝可爱的地方。”徐朗说。

在民间与政府、自发与非自发的力量交织之下发展的三宝，早已不可避免地发生了变化。房租是最显著的表现，2000 年前后，三宝村一栋两三层的自建房一年只需要 1 到 3 万元房租，现在已经涨到一年 6 到 8 万，即使如此，这里的房子仍然极为抢手。为了找房，田晓月在三宝路上问了半个月，从村口到三宝蓬的 5 公里路，沿街没有一栋闲置的房屋，最后她还是托朋友的关系才接下了一栋即将到租期的房子。

有些人乐于见到这样的变化，比如三宝村的村民。三宝的快速发展让原来依靠农业生存、没有退休金的他们有了新的收入来源，大部分村民把自己的房屋租了出去，又凭借这份收入在市区买了新房，还有一些则自己开了店铺。一位姓安的老村民就在自家的房里开了一家餐馆和一家便利店，餐馆一个月的收入就达到 3 万元。

同样无可避免的是，另一群人对如今的三宝村感到失望——比如艺术家们。李见深不喜欢现在这条三宝路，在他的设想里，三宝应该保持原始的村落状态，用青石板铺路，不允许汽车进入。

2022 年 12 月，高柳绫绪把工作室搬到了陶瓷大学附近，那里尚未被过多发掘，仍然保留着相对原始的自然环境。高柳绫绪记得，原来的三宝晚上会有很多萤火虫，植物也可以自由生长，而现在的三宝只剩下了人工感，“那里的植物看起来很不开心”。来来往往的游客也只是拍照打卡，而不是真的对陶艺感兴趣。

曾经因艺术家驻场创作而兴起的三宝，如今已经很难留住艺术家了。看上去，三宝就像纽约的 SoHo 或是世界上其他因艺术而起的街区一样正在士绅化，但同时三宝又吸引了一批新的人来这里游玩、定居。“总会有人离开，有人到来，这是一个很自然的市场选择的过程。“肖学锋说。如今的三宝和景德镇，对此没有标准答案。

（应采访对象要求，文中田晓月为化名）

潘凌

text
/
顾笑吟

photo
/
肖南

李见深：我们往往对身边的人和物不太重视

在三宝国际陶艺村建立以前，"瓷都"景德镇对海外陶瓷艺术家而言只是一个访问地，而不是创作地。李见深于 2000 年开始为他们提供了另一种选择，他在这一年向全世界的陶瓷艺术家开放了国内首个驻场项目，而后三宝国际陶艺村成为上万名艺术家在景德镇创作陶瓷艺术的落脚点。

经过 20 多年的发展，陶艺村和它所处的三宝都变了许多。三宝国际陶艺村从一个汽车无法到达的小村落，变成了政府主导规划的三宝国际瓷谷景区的一部分。在村门口，李见深多年前与美国艺术家吉姆·利迪（Jim Leedy）共同创作的陶艺墙，已成为热门的旅游打卡地。

李见深在他的工作室——也是他的家——里谈了对这些年变化的看法。他的家仍然保留了陶艺村刚建成时的模样：木制的屋子背靠青山，屋前有小溪穿过，院内鸡鸭成群。

QA

Q = 未来预想图（Dream Labo）
L = 李见深

Q：与 30 年前你建设三宝国际陶艺村时相比，现在的三宝村发生了哪些变化？

L：我想三宝的变化，是在过去 30 年随着国家命运的改变而发生的。三宝这个地方是宋代陶瓷的源头，我们用了这样一个借口，让这 30 年在这个古老的村落有了一个让世界关注的理由。1998 年的三宝是一个在地球上不起眼的小村庄，我们找到了中国传统文化在当代语境下转换的方式，让它用自己的面貌去聚集世界的目光。

我做三宝根本就不是为这个地方做的。我一开始就想，这个地方一定是给世界的。我从世界转了一大圈来到这个地方，这儿不是我的家乡，我的家乡在九江，我们当地政府说你是九江人，你应该为家乡贡献你的财富、资源和艺术。我说那只是我肉身的家乡，反而在异乡——景德镇三宝村，我找到了我的精神家园。

三宝国际陶艺村对我而言是一次偶遇。像一个好厨师发现一个好食材，然后他用心地去经营和打磨它，变成大家都很喜欢吃的一道美食，渐渐地大家也想用这个食材做一道自己喜欢的菜。放到今天，我可能也做不了这件事。这所有事情的发生是机遇、机缘和遇见的瞬间所产生的所有冲动和灵感一起促成的。

我就是打了个样，通过三宝国际陶艺村和这道山谷，让中国有了一次与世界的交流和对话的机会，也让我们自己对自己的文化产生尊重。

Q：你怎么定位三宝国际陶艺村？

L：我们给别人的只是一个灵感的启发，一个让他去发现他自己的机会。无数的人来到这里，包括做商业、政治、艺术、文化的，我们满足了他们对东方的某种向往。如果是城市、酒店或是学校，他们

李见深的家还在三宝国际陶艺村。事实上，你很难分清这是家还是工作室，你可以在每一个不经意的细节找到陶瓷。

三宝国际陶艺村对我而言是一次偶遇，就像一个好厨师发现一个好食材。

都比我们做得好，但是有这么一个艺术中心在这样一个村落形态里，又保留了过去的轨迹和气氛，这是非常难得的，在中国也是稀缺的。我们让更多人获得了灵感，然后他们再用自己的资源做了一个自己的形态。

Q：现在的艺术家驻场计划跟以前相比有什么变化吗？

L：在景德镇，艺术家驻场计划这个形式是我创造出来的，资源也都是我们带来的。现在我们只是不太做像公园卖票那种——谁都可以来，我们只做邀请制，我觉得这样能让我们保持一个比较高的水平。

我们需要找到适合自己的模式，普及教育当然很重要，但我可能觉得教“毕业班”“研究生”能产生更多价值。我们现在也会邀请一些优质的艺术家一起创作、做展览，我觉得它有一个引领作用。我们在景德镇并不是想开一所学校，我们希望在能力范围内，和懂的人、对的人和需要的人去分享。就像一个厨师，不可能做食物给所有人吃，只能在有限资源内最大限度发挥自己的手艺。

Q：在三宝国际陶艺村建设和发展的过程中，你遇到的最大的挑战是什么？

L：让人们理解我们做的事。一开始没有理解我们的人，后来有一点点，后来延伸到远方的人，之后又回过来影响附近的人，最后才影响到身边的人。

所有我熟悉的身边人，特别是在景德镇的人，当时对于我买一个村庄这件事的第一反应都是“这个人是神经病”。我做这个村庄，要和农民打交道，要让他们把手上的房子让出来，每一分地他们都要争，每一块砖都会计较，我们就得去适应。然后从村里到乡镇，到政府各个阶层，我们都要让他们理解我们做的事情。这其中的甘苦，可能说三天三夜也说不完，有很多事让人哭笑不得，让人几乎要放弃。

Q：是什么让你坚持下来？

L：这个村庄经历的每个阶段都有它的问题，都需要解决困难的勇气和热情，但是每每收到来自全世界同行的鼓励，他们来到这儿受到了感染，我就会觉得还有再坚持下去的勇气和能量。

Q：现在景德镇和中国的艺术家聚居地有很多，三宝的独特性在哪儿？

L：三宝打了一个样，让从远方来景德镇的人对“景德镇”这三个字有所期待。这个城市的记忆、痕迹是最有价值的地方，三宝在这个程度上极大地保留了村落里的手艺、人文、植被、环境和生活方式。

在这么大的一个区域里面，我们没有太多商业的干预。但我一直认为我们不一定要把商业铺到每一个角落。今天的中国，一旦这个地方成了旅游景点就会有一大片商业开发。其实直接的商业开发并不一定是获得商业回报的最佳方式。我们到欧洲到意大利到任何古村落，可能一个村庄里面就只有几个商业点，其余都是让人能够去体验回到岁月和时光的那种记忆。

我觉得我们有时候可能操之过急，过快的发展让我们没有机会去停留，去消化历史留给我们的财富，我们匆匆走过，把它拆完和改造之后，留下的只是一片遗憾——这在很多地方已经成为事实了。

我们很骄傲的是，谁来了陶艺村都会觉得这个地方还真的有点味道，让人能够体会到烟雨、流水、青山以及传统和现代融合的那种文化气氛。

Q：具体而言，你们是怎么做的？

L：我们构筑这个村庄用的都是旧木料、旧砖头。当地的农民说这个地方不值钱——小偷都不会来偷的。我不想到处铺水泥，地面用的窑砖、青砖、灰瓦，都是我们从城市回收来的废料。确实材料是不值钱的，但我希望这个村庄能保留手工的痕迹、匠人的手艺。这是我对后农耕状态的一个理解。

李见深工作室外的院子，门楣上贴的是他自己写的“三宝如家”。

Q：在乡村改造振兴上，三宝国际陶艺村有哪些经验可以被复制到中国其他乡村？

L：我在全国做了很多项目，这么多县委书记来到这里，他们发现乡村还能够做得如此之美。我们的乡村改造不能仅仅停留在功能和表面视觉上。我觉得中国对世界文明最大的贡献是我们 5000 年的农耕是没有间断过的，这个农耕里面有很多条理和秩序，其中很重要的一点，我觉得是天人合一，人和自然融为一体——就是能够持续的生活方式。

说个题外话，人类在数千年历史的绝大多数时间里其实都没有垃圾问题，但在都市生活兴起后，垃圾变成了一个大麻烦。我真的不喜欢塑料垃圾。三宝国际陶艺村用的所有材料都是在地的：木头、石头、土，我们尽最大可能调动传统的木匠、瓦匠、竹匠，充分地使用这些当地的手艺。

在城镇化的过程中，乡村生活离人们越来越遥远。有的时候，城镇化实践让我们失去了和自然融为一体的机会。

Q：随着政府对于三宝的开发，这里也吸引来了更多的游客前来观光旅游，你怎么看待这个现象？

L：景区是一个商业的概念，但我认为美学的标准是不能够用商业的条条去框的，比如要多宽的马路、多少灯，我们中国有这么丰富的文化和资源，要都用尺子去量的话，就没有味道了。我觉得最大的损失是我们自己身边的人对身边的物不太重视。在地的人不知道它的价值，所以景德镇才会出现“漂”这个概念。

Q：现在三宝国际陶艺村的外墙变成了游客日常来打卡的地方。

L：不能否认，旅游放开后游客确实会一窝蜂涌入。我觉得我们的国民素质是跟美学、艺术教育有关的，我希望我们的后一代从小学开始，一直到大学都有艺术教育，因为只有通过艺术审美和人文教育，你才有可能知道人和自然的关系以及人和艺术有关系，而不仅仅是人和钱有关系。因为物质所解决的是非常浅的一个层面。

我们应该更多地思考如何去爱惜我们的乡村，不要让它变成垃圾的存放地。我们的农民每一家最少花了 50 万到 100 万，30 年打工的钱建了一栋楼，然后家里面可能都是缺乏质量和设计的家具。原来的老房子和老家具全部当垃圾扔掉了，我觉得很可惜。因为那是 5000 年留给他们的财富，在一夜之间全部扔掉之后，再也没人接班了。

Q：无论你愿不愿意，三宝国际陶艺村现在已经被归到一个景区里了。

L：作为政府，它有一个发展的目标，比如创建 4A 或 5A 景区是一个目标，但是这也需要我们有创造性地用景区的概念把它上升到一种高于景区的程度。像是民宿，有人可以做得很好。景区的级别也可以有创造性，景德镇在全世界只有一个，政府敢按照一个唯一的概念去做吗？还是按照全国统一的标准去做？

三宝国际陶艺村在全世界也只有一个，我做这个村庄用了 30 年，没有按照中国任何一个地方去做这个村庄，这就是判断眼光和视野所决定的。掌握这个资源的人，要有这个判断、勇气和眼光，将来他就是历史。

今天景德镇有三大板块——也可以看作“三宝”：陶溪川是国家力量，它让这个城市在 10 年间成为中国旧城改造、后工业文化遗产创新的一个标杆；景德镇陶瓷大学是中国陶瓷艺术教育的标杆；三宝国际陶艺村相比前两者规模非常小，但是有它不可取代的价值。

在我们之前少有可参考的样板，三宝可以给各地的手艺传承以及与世界的对话和交流过程当中的价值发掘，提供很好的经验。

Q：驻场计划现在已经是邀请制了，未来你还有什么新项目吗？

L：我们这 10 年一直在做“行走三宝”，也是我自己的一个 IP，在许多地方输出我们的经验以及我的作品，形式包括演讲、展览，同时指导项目。

我们做过马家窑文化节、西双版纳澜沧江·湄公河流域国家文化艺术节、云南文博会等等，这都是我在“行走三宝”过程中遇见的，这是一种非常有价值的不同维度的交流。我刚从焦作回来，他们要做旧陶瓷工厂改造，来这儿看完之后就发现三宝并不是以重资产或者是用一个大的投资来建设的，三宝是在利用所有可以利用的空间、资源、材料，尽可能表达出一种独特审美的空间。

我们往往引用非常概念化的标准，统一地挂一个“美丽乡村”的招牌。三宝国际陶艺村从来没有什么口号，口号不能解决问题。我觉得中国乡村应该思考的是，如何把在地可能调动的资源变成它的特色。

Q：政府有时也很困惑，艺术和商业很难平衡。

L：关于艺术，我们应该了解的第一件事是：艺术并不能马上改变所有事情。艺术的生活是知道了艺术之后，才能学会在生活里面植入艺术。这可能需要一个很漫长的过程，因为在此之前艺术在我们日常生活中的分量太小了，所以可能需要时间。在我们解决了物质的基本条件之后，审美一定是第一位的需求。如果没有审美，所有的努力就会荒废，你看有些地方做的房子丑得不能再丑，钱已经花出去了，根本就是无人问津，假的仿古村、仿古一条街，这都是在浪费资源。

Q：你心目中理想的三宝是什么样子？

L：三宝是一个非常小的区域，它的环境承受能力有限，它最大的魅力，在于它能满足那种人们对于世外桃源的憧憬。我刚来的时候，三宝无人问津，现在天天门庭若市。如果可以的话，我还是喜欢车马稀疏的三宝，来到这里的人，是对这个山谷所构筑的东方陶瓷的美学有所认知的。三宝像是山谷里轻轻吟唱的曲调，而不是一个万人大合唱。

在地的人
不知道
它的价值，
所以景德镇
才会出现
这个概念。

"景漂"：我留在这里的理由

"景漂"
理论上，这个词可以代表所有
外地来景德镇生活工作的人。
但"景漂"往往有着更鲜明的形象。
接下来看到的4位"景漂"，
都是因为陶瓷和它延展出的生活方式，
与景德镇产生了更多交集。

Ⓟ潘凌

#1 高柳绫绪

"景漂"起点：2013年
日本陶艺家、茶道师

陶艺家高柳绫绪出生于日本群马县，当她和中国籍丈夫温敏雄聊到要移居到中国哪个城市时，她毫不犹豫地说出"景德镇"。2013年他们来到景德镇，租了一栋民房，开始了"景漂"生活。2014年，夫妻俩在三宝村创办了"无边窑"工作室，专门制作宋代吉州窑独创的黑釉产品，在日本称之为"天目"。之后她开始在中国做茶道和冥想的分享。

Q A

Q = 未来预想图（Dream Labo）
T = 高柳绫绪

text / 唐昕怡

photo / 潘凌 高柳绫绪

Q：之前你和丈夫在你的家乡群马县也从事过瓷器创作，你觉得在景德镇和群马县制瓷有什么不同？

T：群马以温泉著称，并不是专门的产瓷大户，从事陶瓷制作的人也很少。景德镇把有创意和野心的人聚集在一起，让他们将生活和艺术创作融为一体，用一个词概括那就是“活力”，我也从景德镇这座城市中获得了很多的能量。

Q：在景德镇制作“天目”遇到过什么挑战？

T：我刚开始制作天目盏，第一批作品用了一个多月，出窑后发现都不行，我还为此哭过。温度的高低会对烧制过程产生重要影响，在日本，窑里温度计的精确度比较高，陶艺家通过外面的显示屏就知道窑里面的温度变化；在这里，那次窑的温度计显示的温度完全不正确。后来我选择用三角形状的温锥探测窑中的温度，温度过高的话就会弯曲。

Q：现在的景德镇和你刚来时有什么不同？

T：我印象最深刻的是三宝的变化，我刚来的时候在河边还可以看到萤火虫，现在再也看不到了，取而代之的是公园、游乐园和路边整齐划一的树。

Q：疫情期间想过离开景德镇吗？

T：有人建议我回日本，甚至有政府的人也劝过我，其实我个人是不想回去的。一旦我回日本，就有很长一段时间不能回到景德镇，但这里有我的家人、朋友和茶道课的学生。

Q：你觉得你现在算在景德镇安定下来还是处于一直“漂”的状态？

T：相对 10 年前刚来的时候，已经算是安定。不过景德镇这么多艺术家，其实大家都是“漂”着的状态。

1

2

3

1—3/ⓟ高柳绫绪

高柳绫绪创作的“天目盏”系列作品，以南宋时期的吉州窑玳瑁为灵感，在天目釉上用贴纸或者防水剂画花纹，再将草木灰放置于器物中，烧制之后窑器浮现出黑色的图案（1—3）。

text
/
王芷笛

photo
/
周越

Q A

Q = 未来预想图（Dream Labo）
Z = 周越

#2 周越

“景漂” 起点：2018 年
陶瓷工作室 ciireals 创始人

2016 年大学毕业后，周越第一次来景德镇旅游，从那时开始对陶瓷感兴趣。之后两年，他断断续续回景德镇学陶艺制作。直到 2018 年，他搬到景德镇。他靠远程的设计工作养活自己，同时继续做陶瓷。2021 年，他全职投入陶瓷花瓶品牌 ciireals 的创办中，随着品牌的成长，他也搬出了雕塑瓷厂，搬到了离工厂更近、空间更大的地方。

Q: 你喜欢景德镇吗？为什么？

Z: 我的喜欢还挺私人的，纯粹是因为在这个地方可以做我自己想做的东西。之前做设计也好，做摄影也好，虽然也是创作，每天也有新的东西出来，但我始终觉得差一点意思。所以当我决定要来景德镇的时候，其实我的最终目标就是希望像今天这样，可以完全做自己的事情。当然，我也偶尔会冒出“我为什么会在景德镇”这样的想法。因为这个地方确实除了我想做的事情以外，没有太多娱乐。但其实没影响，我已经很满足了。

Q: 为什么你觉得在景德镇可以让你真正做自己？

Z: 不管是材料、场地，还是师傅、窑口，这里都允许你以相对慢一点的速度去找寻自己创作的方向。这两年再回深圳，或者去上海，就会很明显地感受到大城市里所有人都在不停奔跑，你很难允许自己一天只做揉泥巴这一件事。但在景德镇，大家会理解你做的事情，起码身边人不会给你带来太多焦虑。

1

2

3

周越作品“男孩只玩体育运动”。因为从小更喜欢艺术类的活动，所以周越常在体育课时因为不爱打篮球而受到排挤和欺负（1）。
周越从小喜欢画画，彩色铅笔是他最重要、最基础的工具，帮助他把想法“链接”到立体的东西上（2）。
这个孩子的头像是周越制作大型作品的第一次尝试（3）。

Q: 你一开始做陶瓷并没有收入，怎么在景德镇生存下来的？

Z: 刚来景德镇的时候，我基本上是做着两三份工作，最起码有一个线上的设计工作，同时我在做陶瓷。所以我有收入可以支撑我花一两年时间去寻找自己。后来我能把所有设计工作辞掉，是因为经过两年的练习，我慢慢找到自己喜欢的工艺方向，也积累了一定的经验。这个过程中，我也不断在社交网络上分享，慢慢积累买家，他们给的正反馈也很重要。

#3 陈若睿

"景漂"起点：2020 年

陶匠、普洱茶人

陈若睿是云南人，在茶叶行业浸泡十多年。来景德镇前，她在一家杭州茶文化公司负责旗下的陶瓷品牌，在云南走访过窑口、做过茶器。疫情期间到了景德镇，然后留下来学陶瓷。在三宝蓬开过茶馆，现在把茶馆关了，在附近的民居开了一家工作室。

text
/
王芷笛

photo
/
陈若睿

Q A

Q = 未来预想图（Dream Labo）

C = 陈若睿

1

2

Q：为什么选择留在景德镇？

C：刚开始我只是想“打个酱油”，但越和这边的人相处，越被他们的力量感染。其他城市的人可能会把自己方方面面都照顾得特别好，但在景德镇，大家的衣食住行都很“拉胯”，他们把更多时间都投入到创作里去，这个东西很打动我。另一方面，在景德镇我能看到更丰富的陶瓷工艺，有太多看不懂的地方，摸索和尝试的过程会比较漫长，但也很好玩。

Q：对景德镇有什么喜欢和不喜欢的地方？

C：不喜欢的可能就是天气又湿又热。喜欢的部分是这个城市里的人可能会让人感觉有些刺激，但同时又很善良。人们会很大声地和你说话，你第一反应会觉得这是在骂我吗？事实上他可能是提醒你衣服掉了。景德镇其实是关心你，只是不会用我们想象中温柔的方式来呈现。

Q：会有离开景德镇的想法吗？

C：会。前几天翻到之前去云南走窑口时的照片，从那时起我其实就有个想法，以后懂的工艺更多了，就回云南建个窑。

陈若睿的作品不限于传统茶具，图为米黄、甜白等传统单色釉烧制的凯恩杯（经典的威士忌酒杯）（1）。
乌金釉水洗作品，取玉壶春瓶的腰下线条作结构，盖顶刻了镂空山字，可进水、藏茶渣，可作装饰。有春有山，起名春山常在（2）。

#4 梅琳玉

"景漂"起点：2003 年

艺术家、大学老师、酒吧老板

1

2

Q A

Q = 未来预想图（Dream Labo）

M = 梅琳玉

梅琳玉是一名资深"景漂"，她的舅舅李见深让三宝村扬名，至此许多"景漂"来到三宝。梅琳玉自己 13 岁时就跟随家人定居景德镇，之后读书、工作，来来去去，还是回到了景德镇。她创办了一家叫"二养化归"的工作室，做陶瓷和玻璃的艺术品（这两个材料里都含有二氧化硅），同时也在大学教学生。

text
/
唐昕怡

photo
/
潘凌

Q：景德镇虽不是你的出生地，但是你生活最久的地方，你眼中的景德镇是怎样的一座城市？

M：景德镇的陶瓷产业想要大规模工业化，但并不成功。这座城市历史上的地理优势也已经改变，所以只能走手工业这条路，这就给很多年轻人提供了机会，包括乐天市集的出现，最开始扶持了很多年轻人，现在有点走向市场化，卖一些小清新、小可爱的陶瓷，毕竟这种东西买的人多。在此之前会有不同的人潜心研究像柴烧、苏打烧这种烧制技术。

Q：现在你在大学当老师，你觉得上班和创业有什么不一样的？

M：上班你只要管好自己的事情。但是创业需要操心的事情太多了，非常细碎，完全没有休息日和上班的区别，在这个情况下你很难有幸福感。我选择当老师第一是它能给你基本的物质保障；第二是做艺术也要跟下一代的人接触，如果你不知道年轻人在想什么，马上就会被时代淘汰；第三就是我觉得教育是非常有意义的事，至少能影响到一些人。而且，如果创业的话，你有学生的资源，相对容易找到合适的人才。

Q：现在的景德镇和你刚来时有什么不同？

M：最开始三宝这条路上啥都没有，开发之后就开始做国外艺术家交流。以前大家是真的对景德镇感兴趣，无论是对她的艺术还是手工，才会知道这个地方。但现在很多可能来拍拍照、打打卡的游客变多了。景德镇本身的旅游资源并不是很丰富，所以最好就是你真的在这边待上一周，认识一些朋友，和他们聊聊天，真正的玩法应该是这样的，而不是拍拍照就走。

Q：你如何看待景德镇的年轻一代（90后、00后）？他们身上有哪些特质？

M：从我接触的学生来看，他们似乎都想“躺平”，而且他们心里也非常清楚，大一就知道要考公务员，我当年读书时没这种想法。

梅琳玉的工作室仍然在三宝国际陶艺村最传统的民居里，窗外是山谷和树林，屋檐下小溪流过（1—2）。
和一般的陶瓷工作室不一样，梅琳玉会制作陶瓷和玻璃结合的艺术品，所以工作室里有烧制玻璃制品的喷枪和作业时佩戴的护目镜（3—4）。

3

4

神仙团

© Fabian Ong

与历史交错，和神仙邂逅。

景德镇神仙团

text

/

钟恩惠

photo

/

Fabian Ong

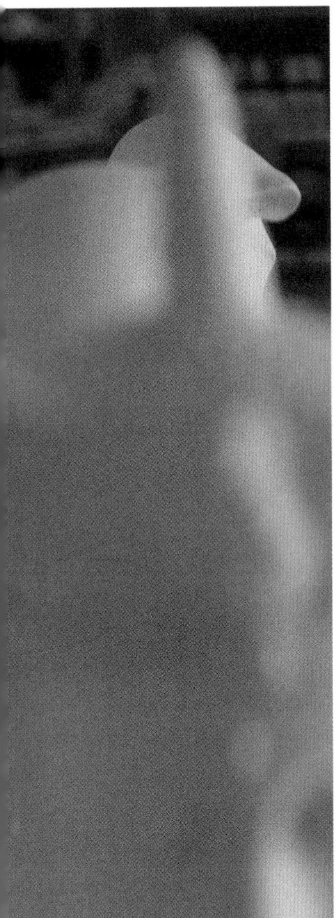

在景德镇漫步，你会时不时与神仙们打打照面。它们不仅会在庙堂见证宗教信仰与产业民俗史的变迁，有时也会作为瓷器塑形的对象，散见于路旁——可能是在雕塑瓷厂的某个工坊外“晒太阳”或者“乘凉”，又或是被恭敬地摆放于商铺里，此时，它们也是这座瓷都制瓷工艺的见证者。

从历史上来看，作为一个水运发达的手工业移民城市，景德镇供奉着各路神仙。各方移民与行会构筑了供奉有他们的先祖先贤、本地神仙、瓷业祖师行业神的信仰礼俗空间，神仙们早已不仅“居住”在庙宇，而且也会出现在同乡会馆与行会建筑里。

根据学者贺鼎的研究，景德镇的神仙分为瓷业祖师崇拜系统、多样的水神崇拜系统以及包括基督教、天主教、伊斯兰教在内的外来宗教系统。如果把郊区也算在内，广域的景德镇供奉着 7 种瓷业祖师和 7 个不同的水神。泥料由玉土仙掌管，成型的师主是赵慨，甚至连瓷器修补都有专门的祭师祠。

景德镇流传最广的瓷业祖师神是窑神童宾。明万历年间，朝廷命太监潘相督造青龙缸，要求其缸体须高达 2 尺（约 62.2 厘米），直径 3 尺（约 93.3 厘米）。大件瓷器的工艺屡屡碰壁，令御窑厂的工人饱受潘相的严刑迫害。来自浮梁县的把桩师傅童宾不忍折磨，纵身跳入窑炉以死反抗，此事引起窑帮的集体抗议。也有研究说，童宾从皇家权力的反抗者化身为保佑窑工的风火仙师，本身也是朝廷为平息众怒而有意为之。现在，景德镇仍有两处近代重新修建的供奉童宾的佑陶灵祠，分别位于御窑厂和古窑民俗博览区内。

至于景德镇制作神仙雕塑的传统，是民国时期由擅长木雕的福建人游长子（游泽长）发展起来的。1913 年，他从福建德化移居景德镇的福建会馆，承袭明代雕塑家何朝宗的风格，专攻神仙佛像。游长子不仅作品在国内外十分抢手，更与一批同时期的瓷雕艺术家，直接塑造了景德镇瓷雕的风格。中国陶瓷美术大师曾龙升也曾拜他为师。

如今，在雕塑瓷厂还留有“道释仙佛”神仙簇拥的景观。那里还留存着几家专做神仙雕塑的工坊，在他们的“神仙作品”里，从 20 厘米到 60 厘米高度不等的陶瓷神像品类繁多。这些以高温瓷为工艺的精美雕塑主要销往东南亚、中国南方等传统信仰兴盛的地方。

雕塑瓷厂：
衰败之下的繁荣

text
/
邢梦妮

interview
/
邢梦妮
董思哲

photo
/
Fabian Ong
肖南
潘凌
雕塑瓷厂
刘远长工作室

为什么
年久失修的破窗
会和年轻人
喜欢的小店
并存于
同一屋檐下？
在雕塑瓷厂，
你能一窥
景德镇十大国营瓷厂
曾经的辉煌，
也能看到野蛮生长的
空间和梦想。

© Fabian Ong

景德镇有个古怪的地方叫“雕塑瓷厂”。去了才会发现，里面没有“厂”。当你穿过门楼，向前走一段路，就会发现一条路上分布着年轻人爱逛的市集、瓷器买手店和咖啡馆，周末游客会一股股朝里面涌。一些破败的厂房也不怎么整修，里面就生长出了工作室、咖啡厅。主干道店铺里摆着各式神仙雕塑；走进偏道，还能看到刚上好坯的神仙雕塑在“晒太阳”。

这里是景德镇最早的文创园区，曾是一家工厂，历史最早可以追溯到 1956 年。当时，景德镇地方政府将公私合营瓷厂和合作社重组为十多个国营瓷厂，推进工业化生产改革，其中最有名的几家被称为“十大瓷厂”。

十大瓷厂的主要任务其实是“创汇”，往海外市场出口陶瓷制品。20 世纪 80 年代，十大瓷厂曾创下一年出口 3000 万美元的记录，陶瓷出口量约占中国国家总出口额的三分之一。

雕塑瓷厂就是十大瓷厂中的一家，由景德镇市美术合作社、雕塑合作社和工艺合作社三社合并而成，被命名为“工艺美术瓷厂”，后来才改成了现在的名字。雕塑瓷厂以圆雕、捏雕、浮雕三类产品为主，当时是全世界唯一用 1300℃ 高温烧制雕塑的工厂。它以出口艺术瓷为主，销售中国传统瓷雕，比如关公像、“福禄寿”三星这样的神仙像，还有古代故事里的嫦娥、屈原等角色，在港澳台和东南亚地区的华侨人群中颇有声誉。

但如今，喧闹的工厂早已消失在一段段改革浪潮里。雕塑瓷厂园区的新与旧，也正如那些碎瓷片，记录并呈现着景德镇的新变化与旧时光。

© Fabian Ong

© 肖南

在雕塑瓷厂，你随时有可能和各种“神仙”邂逅。

1 2 3
4

20 世纪 90 年代，明清园是景德镇市知名的高端旅游景点，曾经举办过国际陶艺交流大会——你能看到现在市集的“雏形”，人们会在路边兜售陶瓷。建筑形态上除了仿古建筑群，雕塑瓷厂还从婺源搬迁来一批明清时代的门头砖雕等古迹。而对雕塑瓷厂的职工子女来说，明清园是童年的游乐场（1—4）。

1—4 / ⓟ 雕塑瓷厂 刘远长工作室

1
老厂房里的改革派

在当时的体系里，雕塑瓷厂的研发、生产、销售是分开的，老工人口中的“创作”——产品研发主要由市政府管理的陶瓷研究所和雕塑瓷厂内的美术研究所负责，原型交由雕塑瓷厂量产。这些产品“包产包销”，不必考虑销售情况，厂外的国营销售公司会统一收购，卖到全球各地。

步入 20 世纪 80 年代，景德镇陶瓷产业已经开始出现危机。由于改革开放和促进就业的政策，景德镇国营集体单位垄断的陶瓷进出口产业受到挑战，景德镇城镇内部出现了很多新的私营作坊和工厂，甚至学校也办厂，与国营工厂争夺市场、人才、原料。另一方面，广东拥有出口权的公司来景德镇购买低价陶瓷，抢走景德镇的外贸订单。

雕塑瓷厂内也发生了人员管理问题。和其他使用大型机器量产日用瓷的国营工厂不同，雕塑瓷厂的生产流程决定其最重要的生产力是工人。这批工人大致分为两类：能独立创作的研发骨干和专精车间某个环节的生产技工。

为了解决下放青年回到景德镇就业难的问题，雕塑瓷厂在 80 年代快速扩张到 1400 多人，招聘了大量非技术职工，但订单量并没有增长，反倒还在市场竞争中丢了一些，工资水平因此持续下降。

从当时景德镇陶瓷学院美术系雕塑专业毕业后，刘远长在 20 世纪 60 年代被分配进了雕塑瓷厂，后来在 1990 年至 1997 年期间任厂长。他也是雕塑瓷厂在 90 年代向文化创意产业转型改革的关键人物。

刘远长是当时少有的大学生，入厂后进入研究所从事创作研发工作。远赴香港参加展销会时，刘远长见识到了一套不同的工艺品销售体系，单件瓷雕就可以卖到千元，甚至还有马来西亚的老板包下了所有没卖出去的展品。

但在景德镇，国营销售体系多按照原料成本和称重来统一收购瓷器，雕塑瓷厂的销售人员大多既不懂技术，也不了解艺术风向，只知道给商品分类，渐渐落后于市场。

雕塑瓷厂面临两条市场改革路线，一种是延续之前的老做法接量产订单，另一种是刘远长看到的艺术精品路线，量少才珍稀，由此大幅度抬高单件定价。

但这两条路线都不好推进。因为市面上选择变多，客户可以委托不同的公司，雕塑瓷厂能收到的订单量越来越小，不足以维持千人大厂。所谓的艺术精品路子，对美术研究所的研发人员来说并不难，他们做的单件就可以直接拿到国外美术馆交流，也不必考虑量产，但普通的车间工人分不到一杯羹。

曾任雕塑瓷厂副厂长的丰保根知道，工人们更在意养家糊口的实际收入。丰保根 14 岁就进了雕塑瓷厂，最初在生产车间里，后来被调派到多个行政科室，管过劳动工资和后勤保障。

丰保根记得，一些人为了多赚点钱，会到厂外接私活，给私营公司打工。当时还有员工问他，为什么厂里加工一件只给一元钱，而外面可以给到两元。他必须给员工做思想工作，告诉他们厂里的免费医疗、托儿所、交通出行等配套设施运营都需要钱。

这些分歧也是之后雕塑瓷厂推行承包制的伏笔之一。1995 年，厂内尝试过推进生产改革。最先被提上桌面的是“车间承包制”，经过职工大会决议正式实施——由厂级领导干部带四五个车间，将雕塑瓷厂拆分成几个生产流程完整的分厂，独立负责研发、生产、销售、职工福利等环节，独立经济核算。

实际执行起来，刘远长发现这事对承包人要求太高，很多干部管理经验和能力不足，常常与职工发生矛盾。丰保根指出，由于独立经济核算，总会计处收不到承包者的钱，依然没能解决厂里的经济困难。车间承包制大约断断续续持续了不到一年，就被叫停恢复原状，由厂里统管。

雕塑瓷厂当时的管理层以技术工人为主，他们想到了自己做销售。刘远长回忆道，他在江西、陕西、江苏、浙江等多省份开拓销售渠道，“设了 20 个点”——这在他的策略里叫“走出去”。

另一方面，雕塑瓷厂因为产品独特，一直是景德镇市政府接待外宾的“名片式”景点。刘远长想要提升企业形象，强化产品的艺术和文化属性，同时在厂里改建出陈列室，让更多人来参观、下订单。雕塑瓷厂管理层向江西省投资公司贷款了 200 多万元，派人去婺源乡下收购石雕、木门、亭台等古迹，搬迁到厂区里异地保护，这笔钱也拿去修补了老旧危楼，形成了占地一万多平方米的“明青园”（后因还原了明清风貌而更名为“明清园”）。

雕塑瓷厂代表作品

雕塑瓷厂美术研究所的创作研发人员在画报上被称为"设计师"——在瓷厂的体系里，设计创作和批量生产是两种不同的技能。

1 2 3 4

粉彩站云三星

金竹叶滴水观音

设计师／蔡敬标

1926 年生于江西丰城，12 岁来到景德镇学习瓷雕技艺，与曾山东、何水根并列为当代景德镇瓷雕艺术界的"三老"，擅长刻画传统历史和神话人物。1978 年，蔡敬标创作的《南海站鳌滴水观音》在广州展出时引起轰动，后来香港影视界以该瓷雕为原型拍摄了电影《滴水观音》。

明清园一度是江西唯一的"工业旅游示范基地"，里面开设有餐厅、民宿客栈、名人作坊。在当时的景德镇，私人承包做陶瓷没什么稀奇，但做文化旅游项目的只有雕塑瓷厂一家。据刘远长回忆，瓷厂曾经在新年时登报刊登"雕塑瓷厂全体向景德镇人民拜年了"的广告，吸引市民到明清园游览，他们就在旁边摆摊销售瓷雕，一天就卖了 5000 元。

增设外省销售点、改建明清园，在刘远长看来，这让雕塑瓷厂度过了 20 世纪 90 年代的经济困难——至少能发出工人工资了，也打响了瓷厂的名声，

影青釉飞天天女散花

纹片釉哈哈罗汉

设计师／刘远长

1939 年出生于江西吉安，1959 年考入当时的景德镇陶瓷学院美术系雕塑专业学习，毕业后被分配到景德镇雕塑瓷厂，20 世纪 80 年代多次应邀参加香港、新加坡、印尼、日本等地区和国家举办的名人名作展。1990—1997 年任雕塑瓷厂厂长。代表作为《天女散花》《哈哈罗汉》等瓷雕系列。那段时间雕塑瓷厂注册了"散花牌"商标，名字就取自刘远长的代表作《天女散花》系列里的形象。

不断有名人、媒体、政府领导甚至是企业老板来参观，带来了一些订单。

随着改革的深化，2000 年以后，改制压力之下，管理层将明清园私人承包出去，生产上，他们尝试过把车间拆成更小单位再承包出去，比如拆成半个车间一组，或者几个工人组成一组，以为这样会更好管理。谁知落实下去后，工人们仍会为了争抢资源吵架，想自行决定去哪里工作，厂方只能出面调解。丰保根评价道："（这个制度）勉强能维持厂子，但是人心已经散了，领导说话不灵了。"

2009 年，景德镇陶瓷系统全面改制。管理层眼见承包制无法成功，而雕塑瓷厂只需要有人就能做手工，没有大型设备处理难的

素彩乐酒济公

颜色釉功夫茶具

设计师／刘清云

景德镇人，1960 年生，受父母影响，少年时就十分喜爱陶瓷美术，1975 年参加工作进入雕塑瓷厂，受到刘远长等老一辈瓷雕名家的关心、指导和培养。1987 年，刘清云考入景德镇陶瓷职工大学美术专业深造。刘清云爱好广泛，对音乐、民间美术、时装设计、包装装潢均有涉猎。

1 2
3 4

与老厂长刘远长（3）一样，曾任雕塑瓷厂副厂长的丰保根（4）也见证了雕塑瓷厂的历史。如今，两位老人都已经退休，但每个工作日都会来位于雕塑瓷厂的个人工作室“上班”。

1—3 / @刘远长工作室 4 / @Fabian Ong

问题，因此把园区租出去，就成为一个更简单的解决办法。当时，工人可以以每平方米3元的价格租下厂房，雕塑瓷厂进入了全面民营租赁承包制的时代。

由此，雕塑瓷厂的格局基本落定。有创作能力、作品有名气的工人就会留下继续开设陶瓷作坊，其他技工——比如烧窑的窑工——至今还有人在瓷厂看守窑口，只要付钱就能烧瓷器。如果不想再靠手艺吃饭，工人们也会把空间转租出去成为“房东”，这也是雕塑瓷厂日后容纳新租户的基础。

在多名老工人的回忆里，雕塑瓷厂是“缓慢死亡”的。2009年景德镇市政府推动国营工厂改革之前，很多厂子已经倒闭或者荒废，雕塑瓷厂也衰败了。厂区里的厂房逐步被私人承包转租，还有人自行新建了房子，用作作坊和工作室。

至于明清园——原有的水塘被填平，造景被拆除。里面的建筑群里，招待所被个人承包，其他空间逐渐转租为个人工作室和商店，还有一些成了杂物间。早先为吸引客流、展现瓷雕技术而建的观音庙早已被废弃，前面盖起了新的平房，一些人在那里开起了工作室。

小作坊、小工作室的时代来了。这里是新生意的起点。

雕塑瓷厂空间功能分布

- 店铺 / 工作室
- 作坊
- 展销空间
- 乐天陶社景德镇教育中心行政 / 职能空间

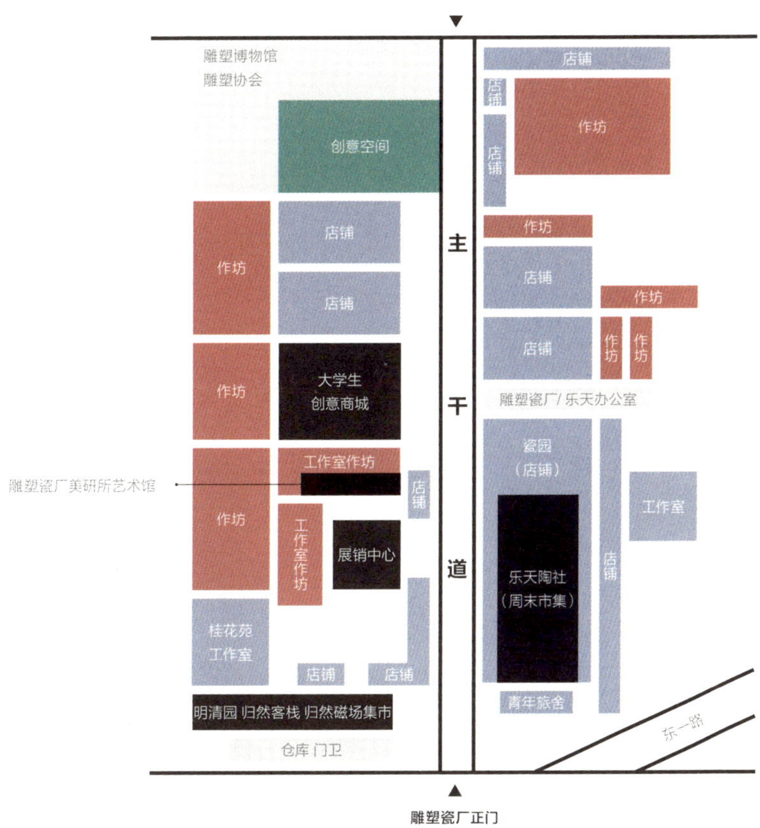

根据公开资料综合整理

2
小破楼里的新梦想

作为国营单位，雕塑瓷厂目前依然存在，但只保留了物业和收租功能。丰保根表示，这个地块的瓷雕作坊已经大幅减少，大约只有 21 世纪初的三分之一。2008 年金融危机前，传统瓷雕生意还不错，经常会有酒店和会所批量订货。但市场在不断缩水，年轻人不再买观音像。如今，还有人在雕塑瓷厂周边经营零散的东南亚外贸生意。

如果不是周末有市集摆摊，很少有游客会主动去逛明清园——它变成了只剩下一块牌匾的空壳子。现在，明清园旧址靠近雕塑瓷厂正门的地方已改为咖啡店、买手店、民宿。朝里走，原本的礼堂成了杂物间，下雨天还会漏水。小山丘上原本是“名人作坊”，如今被一些老手艺人盘下来用作个人工作室。2011 年，刘远长也在里面开了一间工作室制作艺术瓷雕。

城市更新的力量也曾进入雕塑瓷厂园区。政府曾主导将宇宙瓷厂改造开发成陶溪川文创街区国有企业陶文旅集团，计划与景德镇陶瓷股份有限公司在雕塑瓷厂开一个景德镇陶瓷雕塑博物馆，但受疫情影响，截至 2023 年7月，项目尚未开业。

雕塑瓷厂仍然维持着 20 世纪的风貌，但你仍会在雕塑瓷厂看到各种创作的力量。做陶瓷的人用“方便”这个词形容这个园区。对于艺术家和手工艺

1—2／4／© Fabian Ong 3／© 潘凌

雕塑瓷厂里呈现出一种混搭状态：园区有制坯、烧窑等制瓷作坊（1），也有生长在各个小破楼里的工作室（2），建筑物之间能长出市集（3），于是又有了可以让人们歇脚的咖啡厅（4）。

1—3／Ⓟ Fabian Ong 4／Ⓟ 肖南

在雕塑瓷厂，一件作品的成型过程常常就展示在你眼前。一些工作室既是制作空间，也是展览与销售空间（1—4）。

创作者来说，从原料、彩绘、成型到烧制——每道工序都能在雕塑瓷厂找到对应的工人和作坊，经历过 20 世纪 90 年代的变革，这里拥有完整的产业生态。

雕塑瓷厂也由此产生了联系紧密的创作社群。开店的、开作坊的和开工作室的都扎堆活跃在这里。开店的主要分本地人开设的临街零售店铺和外来年轻人经营的买手店、咖啡店等。作坊主大都是些瓷厂老工人或他们的子女。开工作室的既有全国各地的美院学生，也有景德镇出名的陶瓷手艺人。

乐天陶社社长郑祎在 1998 年拜访景德镇时看中了雕塑瓷厂，2005 年来这里租下了一块地，经营国际驻地艺术家项目，开了咖啡店和民宿，让瓷厂聚集了外国艺术家和本地学生。乐天陶社由此在景德镇扎根，后来，从学生摆摊起步的"乐天市集"逐渐成为热门景点。

捏雕艺人"蝴蝶阿姨"胡雪藕还守在雕塑瓷厂，她出生于陶瓷世家，全家人都在雕塑瓷厂任过职。郑祎的代表作《蝴蝶衣》就是请胡雪藕负责制作的，一件麻衣上点缀着 3.5 万只孔雀蓝瓷蝶，逐只由胡雪藕手捏而成。如今，胡雪藕有时会去乐天陶社教授陶瓷工艺，也会接下委托，帮外国艺术家做陶瓷。

2020 年，学美术的学生王朝因疫情被迫滞留景德镇，干脆做起了个人工作室。王朝租了 100 多平方米的地方，三年来年年涨价，如今每月房租 2000 元，这在景德镇已经不便宜了。还有一些租了大空间的人，把空间分租给其他创作者"驻地"，大家共同承担费用。

王朝所在的老厂房楼里，还有许多像他一样的年轻创作者，有的教课，有的做作品。一楼有一家"网红"咖啡店蓝 π 咖啡，做咖啡生意的同时，也销售店主选来的瓷器。

张汝佳是王朝的朋友，毕业于中央美术学院陶瓷设计专业，也在雕塑瓷厂开工作室。他 2015 年来过景德镇上课，了解了整个产业生态，后来每年暑假都会过来。他在雕塑瓷厂有一些朋友，其中有乐天陶社的工作人员。

"你的邻居可能就是你很好的老师。"张汝佳解释说，雕塑瓷厂有很多个人工作室和创作者，北京"完全没有这种环境"。

雕塑瓷厂里，创作者们离生产端和销售端都很近。他们可以去不同的地方摆摊，在乐天市集、明清园市集，或者就近在厂房外边支个"野摊"，总会有游客和买手来光顾。张汝佳最初在明清园摆摊，"每个月能积累一两个客户就不错了，有一个客户就足够你生活的基本开销"。这些客户熟悉他之后，就会隔月主动找他拿货。他已经攒够钱买了一辆车。

旅游的热度滋养着雕塑瓷厂，这里涌现了一批买手店。"小野婆婆"是民艺和器物买手集合店"在野商店"的店主，这家店 2018 年开业，位于雕塑瓷厂主干道的里侧小道，位置不太好找，但乐天市集的游客会路过这里。她认为，店铺受人关注和乐天市集有很大关系。

流动是雕塑瓷厂的常态。张汝佳观察到，很多学长学姐把瓷厂当作跳板。不够自律的年轻人未必能留下来，而事业踏上正轨的工作室如果想增加产量，就会搬去更宽敞、更便宜的去处。景德镇现在已经有了更多选择，一部分大学生流向了郊区的湘湖，但雕塑瓷

景德镇十大瓷厂与雕塑瓷厂大事年表

1949 年

中华人民共和国成立，景德镇解放。

1950 年

景德镇陶瓷产业迎来工业化改革浪潮。民国时期的江西瓷业公司改制为建国瓷厂，是景德镇当地最早成立的国营陶瓷企业。

1956 年

雕塑瓷厂（原名工艺美术瓷厂）建厂，由景德镇市美术合作社、雕塑合作社和工艺合作社三社合并而成。

20 世纪 90 年代初期

景德镇国营瓷厂市场化程度加深，十大瓷厂出现经营危机。中国改革开放后，景德镇的国营企业普遍进行了以承包经营为特色的管理改革。各大瓷厂市场化程度不断加深，一些瓷厂因为工人出走创业、销售业绩不佳开始出现经营危机。

1992 年

时任雕塑瓷厂厂长的刘远长提出申报建设“明清作坊群”项目，投资 200 余万元建设和修复明清时代的古建筑群，改变企业困境。

1994 年

雕塑瓷厂又投入 800 余万元建设“明清园”第二期工程，扩建了国际陶艺中心、艺术陶瓷展示中心、名人作坊、陶瓷购物街等。

1995 年

雕塑瓷厂召开承包签约大会，实行厂级领导干部带头的车间承包制。该改制持续了一年左右，最终未能成功。

1997 年

雕塑瓷厂占地一万多平方米的“明清作坊群”项目正式竣工。

参考资料：景德镇市人民政府《大事记》《中西文化激荡下的景德镇陶瓷文化变迁研究》《从工匠到艺术家：20 世纪的中国美术陶瓷从业者》《景德镇陶瓷特色产业集群的历史变迁与演化分析》

1959 年	1961 年 12 月	20 世纪 60 年代中后期	20 世纪 70 年代中后期	20 世纪 80 年代
景德镇十大瓷厂成立。10 家公私合营瓷厂和 9 家制瓷生产合作社在政府的领导下合并成 9 个大型的全民所有制企业，即红星瓷厂、宇宙瓷厂、为民瓷厂、红旗瓷厂、新平瓷厂、东风瓷厂、景兴瓷厂、艺术瓷厂、工艺美术瓷厂（后更名为雕塑瓷厂），连同原有的建国瓷厂，时称“十大瓷厂”。	工艺美术瓷厂改名为雕塑瓷厂，从全民所有制企业改为集体所有制企业。	在上山下乡运动中，各大瓷厂出现了人员流动，一些工人离开景德镇下乡。但景德镇十大瓷厂的格局保持不变。	“文革”结束后，为解决下放青年回城后的就业问题，雕塑瓷厂、红光瓷厂、曙光瓷厂、陶瓷彩绘工厂（后更名为新光瓷厂）等集体所有制瓷厂招收了大批工人，还采取了“大厂带小厂”“老厂帮新厂”的办法，组建了一批大、小集体瓷厂。	中国进入改革开放阶段，景德镇十大瓷厂迎来“创汇”巅峰期。根据景德镇市工商银行信息咨询公司的数据，20 世纪 80 年代中期，景德镇瓷器作为外销瓷的主力销往 130 多个国家和地区，此项外汇收入每年都超过 2000 万美元，占全国日用陶瓷创汇总额的五分之一。

2004 年	2005 年	2008 年	2009 年
雕塑瓷厂的明清园被评为江西省唯一一所“全国工业旅游示范点”。	乐天陶社租下了雕塑瓷厂的球场，主营国际艺术家驻地项目，建造了咖啡店、民宿、厕所等配套生活设施。	第一届乐天市集在乐天陶社咖啡店门口举行。	景德镇陶瓷系统全面改制，向陶瓷文化创意产业转型。雕塑瓷厂企业组织的生产经营此时已经全面停止，实行民营租赁承包制，将空间按每平方米定价，优先出租给工人。

厂比较老牌，客流很稳定。

雕塑瓷厂不少工作室看起来条件艰苦。玻璃窗是破的，楼梯扶手金属栏杆也生了锈。一些厂房年久失修，外观看上去摇摇欲坠。但人们就将它们那么放着。

改建会是个大工程。厂房建筑属于国有资产，各种维修和改造都需要向瓷厂行政部门统一报备，再加上人气旺盛，不缺租客，这都导致房东们不太愿意主动改变。那些网红小店、创意涂鸦大多由租客改造。

老厂的命运还无人可知，有人倡议保留文化遗产，有人建议全部推倒重建。一些退休的工人选择回到瓷厂，遵循以前朝九晚五的作息劳作。年轻人会在每个周末和暑假涌入这里，待一段时间，又陆续散去。雕塑瓷厂行政办公楼的档案室，仅留着几本厚重的书，诉说着它们的过去。

text
/
陈元

photo
/
文那

文那：山野间，神仙自然生长

从景德镇三宝墙上的神仙壁画起，文那的“画墙史”已从内蒙古、上海、北京等国内省市，拓展到毛里求斯、荷兰、意大利……在她的笔下，大至盘山飞云、花海雾霭，小到一枚蒜瓣儿、一颗花椒，都可以幻化成仙。

在父母一辈“85美术新潮”*艺术家的圈子中长大的她，在近乎野生的墙面上，自创了一个又一个自由自在的神仙，掌管云彩的，负责烧窑的，还有各种植物神——那幅《喜神谢众调料下凡图》就在三宝，画了八角、生姜、咖喱等一众香料神，后来附近的草坛就恰好长出了很多香料植物，再后来墙也斑驳了，也看不太清神仙们了，但壁画这种与天地“通灵”又随时光消散的特性让她着迷，她喜欢这种毫无束缚感的创作。

2016 年，文那在毛里求斯的一条唐人街创作了一幅名为《容身图》的壁画。画面上的灶王、酒神、茶神，三位神仙来源于景德镇一幅已被拆除的壁画，三仙带领各地移民来到毛里求斯再度找到了自己的容身之所。容身的一个个“药盒”概念来源于对面的一家中华超市，文那在里面发现了老香港风格的零食和药品。

*85 美术新潮：20 世纪 80 年代中期中国出现的一种以现代主义为特征、艺术家各有不同思考角度的美术运动。

QA

Q = 未来预想图（Dream Labo）

W = 文那

01

02

文那

原名陈兴兴，生于北京，毕业于清华大学美术学院版画系，主要创作形态为壁画，曾受邀参加全球各类展览及国际艺术家创作交流计划。现以编纂新神仙系统的方式，结合壁画、雕塑、空间结构，重新讲述真实和虚幻交织的历史和故事。

Q：从“束海”“调云”两位门神开始，你的壁画就成为景德镇三宝的一张“名片”。这些壁画开始逐渐呈现出一个庞大的神仙体系，这个构想是何时在你的脑海中形成的？

W：我还在景德镇的时候，突然有了编织神仙的构想。这个经历就像奇迹一样。我在三宝画完灶王、酒神、茶神三仙之后，就编织了“束海”的故事。那是个在制作泥坯的神仙，它捏泥塑造大海的形状，展示了人类驯服水的过程。此外还有调釉的神仙“披石”，它给坚硬的石头披上了漂亮的衣服。之后我在全球各地到处绘画时，好像就失去了体系性。但大约两年之后，我就决定将这些神仙整理到《文那经》中，让《文那经》成为一个有机的体系。现在里面已经收录了大约 100 多个神仙。

Q: 许多人说你的作品与《山海经》相似，并受到浮世绘的影响，你会特意去研究或学习它们吗？

W: 不会，我越是听到别人说我像什么，我就越不去看那些东西。实际上我几乎从来没有完整看过《山海经》，但不少人都会知道关于它的一些形象，比如四目人面怪鸟和虎身人面九头的开明兽。我拒绝套用约定俗成的东西，我想创作与众不同的作品，画出自己的风格，创造自己的故事。我想画什么就画什么，我还会给它们起一个新名字。我既没有想过深挖中国传统文化或用中国文化来滋养自己，也没有专门研究过浮世绘，只能说，浮世绘里有版画形式，而我是学版画出身的。而如今人们认为浮世绘里的这些元素属于日本文化。我的作品实际上是我成长过程中所有碎片的组合，这些概念可能来自于东亚文化的影响。

文那在景德镇三宝村创作的壁画《三宝赋》（1）、《调料图》（2）、《福窑图》（3）以及在里昂当代艺术博物馆展出的《狮子龙图》（4）。有些壁画会逐渐脱落，但这种随时光消散的特性也让文那着迷。

03

04

Q: 那么当你回头看的时候，有哪些事对你产生过影响？

W: 有很多。我还记得小时候，爸爸给我一张比我还大的纸，我就站在上面画画。上小学的时候，爸爸买了一块像墙一样大的白布，我把白布钉在木板上，画了一个月，把白布填满。小时候参加儿童画比赛，其他人可能画坦克、宇宙飞船或者小女孩，而我从小就画人山人海，画游行、庙会和溜冰场，画的全都是人群熙攘的场景。我当时没有意识到那其实就是壁画，但或许就因为有这些经历，所以当我看到一面墙时，我从未感到过畏惧。

Q: 对你来说，神仙或神仙画的魅力何在？

W: 这种魅力在于，我画神仙和小怪物是没有限制的，画什么都可

既然我选择了壁画，我就选择了壁画所具有的所有属性，包括自然消逝的命运。

以，不管是故事内容还是视觉呈现，它们能把我心里想要的那种蓬勃自由、随心所欲、无所顾忌的状态表达出来。

Q：在三宝村的这些壁画，后来都逐渐从墙上剥落。你会担心作品的消失吗？

W：并不会。很多壁画都会随着时间的推移而逐渐消失，甚至有面墙都被拆了。这种壁画的命运具有一种悲壮的色彩，我觉得这很好，就像沙画一样，它只需要相机记录它的存在即可。它赋予我的创作一种命运感，这是其他绘画作品所没有的。我的意思是，既然我选择了壁画，我就选择了壁画所具有的所有属性，包括自然消逝的命运。

Q：受景德镇瓷文化影响，你也做神仙雕塑，有没有考虑过改变创作的材质？

W：可以考虑，不过我觉得没有必要。我更愿意把时间集中在我擅长的绘画、故事和画面创作上，这才是创作的核心，媒介只是将我的想法变成实体而已。

Q：最终你想呈现的是什么样的内容核心？

W：当我在各地绘制壁画时，我脑中始终在布局一个世界观。我希望这些壁画就像是远古文明的遗产，散布在世界各地。我在景德镇有一套做陶瓷的神仙系统，它跟我在晋江画的一套海洋文化移民神仙系统是有呼应的。也就是说，这些神仙都是我的创作素材，比如“花焰”“击香”“束海”“调云”，每当我需要去创造故事的时候，他们都会出现，可以让我去编织到新的故事中去。如果我将来去太原、西安或其他世界各地的艺术空间综合展示那里的神仙，它们也依然是有交织的。

Q：之前你每年得空时会回三宝住几天，可以说也是三宝村乃至景德镇城市变化的见证人。在你看来，这个城市 10 年来有怎样的改变与不变？

W：在过去 10 年中，三宝对我来说是一个特别重要的地方。我记得第一次骑自行车进三宝村时的景象，那里有一条幽深的山路，经过一扇大门，我停在那里捉蜻蜓。当时我想，这个情景应该是我一生中唯一一次际遇，我要牢记这只蜻蜓的样子，记住门口这个景象，因为我不可能再来这样偏僻的山沟里了。但事实证明，后来我一遍又一遍地经过那条小路，经过那些风景。前几年，我看到那条路被洪水冲坏了，简单修复后，第二年又被冲毁。再后来，那条路大概有两年时间无法通行，也没有水供应，那段时间里，三宝变得非常困苦。但后来我再去，它变成了一条双向四车道的道路。

现在，三宝这条路旁边都是汉白玉的桥墩，还加上了不锈钢或铁艺的桥栏和路灯。随便打开一扇木门，眼前都能展开一幅画面或角度独特的景色。但对以自然景色为主体的三宝来说，重要的是那些小溪、草丛、夯土墙……那些城市景观的东西应该是“配饰”。但强行去加上这些，就显得有些不协调，会让三宝变得像高速公路旁的一个“微缩模型”，不再是山里的村庄，就像义乌或丽江那样。

Q：但你仍然说景德镇是你的“第二故乡”，如今这个城市和你之间有一种怎样的关系与联结？

W：三宝给了我一个很好的平台和跳板，至少让我在创作上走得更远。通过壁画，更多人了解了三宝，三宝也认识了我，我们共同成长。但和以前不同的是，我不再像以前那样每年都回三宝了。如今御窑厂和三宝有时有需要我参与的项目，比如以“東海”为名、即将落成的“東海祠”，这时景德镇和三宝就会再次召唤我，但这不再是我和三宝的自然黏合。当然以后，我可能会再次回到景德镇和三宝，拿着我从外面收集来的“盛开的花朵”，进入下一个阶段。

文那将在《文那经》中创造的神仙形象“窈鱼”制作成了雕塑，这也是她于 2013 年在景德镇创作的第一个雕塑。在《文那经》这个“神仙宇宙”中，每个神仙都有自己的故事。

市集：让艺术变成事业，让梦想照进现实。

© 潘凌

#市集

乐天市集对景德镇意味着什么？

© 乐天陶社

text
/
邢梦妮
程绚
林洵

photo
/
潘凌
乐天陶社
Fabian Ong
肖南

在号称“千年瓷都”的景德镇，最不缺的就是卖陶瓷的摊铺。如今的景德镇仍有许多陶瓷摊位的聚集地，比如每个周末的新厂东路，人行道上就会摆满摊位。理论上，这些聚集地当然可以称为一个“市集”，但在景德镇，以“市集”为名的活动往往有更聚焦的特色——它们的商品以创意类陶瓷作品为主，参与者以年轻创作者为核心。

开此风气的是并非景德镇“出身”的乐天陶社。在21世纪的第二个十年，它创办的乐天陶社创意市集（以下简称“乐天市集”），在景德镇凝聚了一个新的共同体，为想成为艺术家的年轻创作者打开了职业路径。但在市集本身影响力扩大之后，这条路径乃至“市集”的定位也开始变得模糊。

景德镇新厂东路上，“景德镇雕塑瓷厂”的牌坊足够醒目。穿过牌坊，一条不断上坡的主干道串起了整个雕塑瓷厂的园区。离牌坊不远处，主干道旁地势低洼处有一座普通的建筑，那里开了一家咖啡馆“木扉堂”，外面有一片小广场，那里就是周末乐天市集开张的地方。

每周六上午9点到12点，这片空地上会支起数十个帐篷，摊主们在此兜售个人创作的陶瓷、布艺、雕塑。市集的入口处有几只蓝色小老虎呲牙咧嘴地举着指示牌，这是乐天陶社创始人郑祎的代表作。郑祎是乐天陶社和市集的灵魂人物、一位成名已久的陶瓷艺术家。1985年，她在香港加入了乐天陶社，从事陶瓷艺术教育的推广工作。2003年，受景德镇陶瓷大学老师的邀请，郑祎开始带海外陶瓷艺术家到景德镇交流。

2005年，乐天陶社正式入驻景德镇雕塑瓷厂的厂区——那里原本是景德镇著名的国营陶瓷厂之一，以生产各类人物雕塑瓷闻名，但进入21世纪后，原有业务式微，国企改制让大量手艺人离开体制，雕塑瓷厂的厂区逐渐变成一个空壳（详见第190页）。在乐天陶社刚入驻时，场地周边还是土路。

和21世纪初兴起的三宝陶艺村一样，乐天当时在景德镇主营的还是国际艺术家驻地项目，也就是请海外的陶瓷艺术家来“瓷都”交流创作。得益于郑祎和乐天陶社的名声，这个项目在两年多的时间里参加的人数就超过200，由此产生的租金也是乐天陶社在景德镇的主要收入来源。

乐天陶社创意市集的旗帜，每周六上午在景德镇雕塑瓷厂的门口挂起，已经持续超过10年。

与此同时，乐天陶社开始逐渐吸引年轻的陶瓷创作者。每周五晚上，乐天陶社都会邀请驻地艺术家和景德镇本地的手艺人办讲座、开展览，参加活动不设门槛，所以也吸引了一些想做陶瓷设计的大学生。2008 年，11 个年轻学生找到郑祎，说要借用乐天陶社咖啡店门口的场地，摆摊销售他们的个人作品。郑祎同意了，让他们每周六上午来，连续 8 周。

在郑祎的记忆里，第一周总共卖了 1000 元的作品，年轻人们非常高兴，到了第八周，摆摊的人增加到了几十个，一共卖了 4000 多元。名声渐起，很多人周五就会提早来占位，甚至有摊主因为争夺位置而冲突。郑祎决定建立筛选机制，将摊位数量控制在 80 到 120 个左右，这就是如今乐天市集的雏形。两年后，这块空地每周六已经能集结 350 位摊主——景德镇的年轻陶瓷创作者，在乐天市集找到了职业路径。

在此之前，人们在景德镇可以跟随老手艺人学到细分的专业技术，也可以在大学体系内学习创作，但想要以创意陶瓷为生，景德镇还缺乏成熟的市场——在这座“瓷都”里大量生产和流通的瓷器在设计上仍然以传统瓷器（以青花瓷为代表）为主，有当代设计风格和创意型的陶瓷并不占主流。

乐天市集为这些作品搭建了一个平台。买下这些年轻人作品的大多是专业买家，乐天市集的作品不算便宜，一个小小的茶杯标价数百元是常事，但对

1—3／Ⓟ潘凌 4／Ⓟ乐天陶社

现在的乐天陶社创意市集不再只有陶瓷作品，在这里你可以看到绘画（1）、伞艺（2）、咖啡（3）等等不同的商品，共同点是它们和市面上的“行货”不太一样。当然，陶瓷仍然是这里的主旋律，比如每年的十月陶瓷节，就会在市集里举办拉坯比赛（4）。

1—2／℗ 肖南

对于乐天陶社来说，市集是一个意外出现的“作品”，这个机构在景德镇最核心的业务仍然是陶瓷相关的课程，这是它最早聚集年轻人的方式。在景德镇学陶艺已经是外地年轻人来景德镇游玩的重要体验项目，除了传统的拉坯外，他们还会体验一些新鲜的创作方式（1）。

于买家的客户——大城市的高端酒店、家具店、会所等——来说，这些非量产作品与它们的设计需求相符，此前也很难在中国市场找到。

邹杨赶上了乐天市集开放申请的头两年。2009 年，她从一所大学服装设计系毕业，因为喜欢陶瓷，辞职去景德镇学习。她的丈夫也喜欢捏陶土，当时只有景德镇才有足够完整的产业链，让他们能够烧制作品。后来，他们看上了乐天市集。“乐天市集是一个地位非常高的窗口，我们那时急需的就是一个窗口，但除了乐天市集真的是没有人能提供，当时政府也不会想那么多。”邹杨说。

围绕乐天市集，很快形成了一个陶瓷创业的圈子。摊主们彼此相识，经常以物换物。对于邹杨来说，进入乐天市集就等于有了一份背书和学习社区，能够积攒同好和客户，同时也能慢慢学会定价、学会根据市场反馈修改产品。

市集早已不仅是
年轻创作者的孵化平台，
而且是能够吸引
大量游客的商业模式，
尤其对于当地
政府而言。

韩国人吴承澈 2014 年到景德镇交换留学，2018 年成为景德镇陶瓷大学的研究生，此后开始在乐天市集摆摊，至今已有 100 多次。吴承澈不那么关心销售额，他是冲着“氛围”来的。“在乐天市集摆摊，可以感受到艺术家和市集共同成长的感觉。”他把摊主们称为“艺术家”，而不是新闻里常见的“手艺人”。

相比吴承澈，邹杨更关注如何把陶瓷做成自己全职的事业。而乐天市集让她这样的“景漂”赚到了第一桶金。摆摊两年后，她和丈夫逐渐把自己的产品和客户稳定下来，现在他们已经离开乐天市集，在景德镇开了两家陶瓷店，大客户主要是各地会所。

随着市集的壮大，乐天陶社的重心逐渐从最初的吸引国外艺术家驻地，转向了扶持本土年轻艺术家。后者可以通过乐天获得租金便宜的工作室、烧瓷厂房等。根据景德镇市政府统计，截至 2022 年，“景漂”已超过 3 万人。

虽然发展迅速，但是乐天市集的基础管理方式仍充满了松散、随性和主观判断。摊主每月需要重新申请乐天市集的位置，入选率不足 30%，每回大约有四分之一的老摊主会被淘汰。谁走谁留，完全由郑祎本人审核。邹杨曾经用了一整年反复申请乐天市集，连续 12 次都没有通过审核。很多申请者也会去市集上打听，但结论往往是“需要自己悟”。邹杨至今还说不清楚为什么后来入选，只记得自己拼命练习、想创意。

郑祎解释过她对作品评估的三个维度：技术（Technical Skill）、概念和历史参考（Concept and Historical Reference）以及创新（Creativity）。但这显然不是很容易量化的指标，尤其是创新。很多时候，郑祎个人的判断会影响很多摊主的创作。有一次，她提出用柴烧窑的点子，紧接着，这么做的摊主从 30 多个涨到了 60 多个。

乐天市集内部存在着 A、B 两类摊位。根据乐天市集方面的说法，A 区是比较成熟的创作者，B 区摊主的作品还有提升空间。吴承澈的帐篷上吊着 A 牌，这意味着他的摊位费打半折，只需要 100 元。吴承澈不确定 A、B 区的划分标准——这同样由郑祎决定——但他认为，标准和售价无关，如果长期参与乐天市集的申请，进入 A 区的概率可能就会变高。

乐天陶社属于非营利组织，做市集也不赚钱，虽然摊主在其中受益，但运营 10 年后，仍需要靠郑祎拿别处的钱来维持，而在陶瓷专业圈之外，大众对于这群创业者也知之甚少。

变化发生在大约 2018 年，这一年，乐天陶社引入了一位名叫大牛的新运营总监，并且开始变得更像公司了。大牛是景德镇人，他回忆小时候城里都是喷黑烟的烟囱，会把白衣服都熏黑，而年轻人只有两条路：好好读书，或者从事陶瓷工作。他是前者，1997 年高考考到了上海，留了下来，开了一家贸易公司。但通过老家朋友和网络论坛，他还留意着家乡的发展，很早就听说了乐天陶社把“老外”带到了景德镇，2015 年还特意去找过乐天市集，在雕塑瓷厂的下沉广场看到了很多年轻人。

2017 年，大牛的父母身体不佳，他想要回景德镇工作，开始的打算是做民宿。考察时，他偶然认识了正在办展的郑祎。“她跟别人不太一样，别人听到我要做民宿总是鼓励。她却说你跑来开民宿，冬天冷得要死，夏天都是蛇，谁来住啊？”但郑祎最后补了一句：“你要回来为家里作贡献，那又是另外一回事了。”

从 2023 年开始，乐天陶社创意市集开始施行预约制和收费制，并且增加了出入口的管理（2）。因为此前游客太多了，摊位的人气高了，但专业的买家被部分挤走，收入反而受到影响。

2017 年年底，大牛回乡探亲时收到了郑祎的消息：“我需要一个 CEO。”此前，乐天陶社历任总监都是艺术家，大多数员工都是“景漂”，流动率很高。结果就是，在开办 10 年后，乐天市集的摊位申请人数不断下降。

大牛以志愿者身份加入了景德镇的乐天陶社，成为第五任总监。他的主要工作就是把这里变得更像一个公司。他为每个部门确定了负责人——在此之前，同一个负责人要同时兼顾咖啡店、市集和工具商铺，咖啡店里的咖啡师还要负责写公众号文章。乐天陶社的例会上开始出现了更多数据，每周五上午 10 点，各个部门都会复盘当周的数据，比如哪款咖啡更受欢迎、哪篇文章阅读量更高。成立媒体部是另一个重要动作，截至 2023 年，这个部门已经有 10 个人，负责接待媒体、生产内容。

这些动作让乐天陶社在大众中的知名度变高了，教育中心就是典型案例。原

1 2

1/ⓟ Fabian Ong 2/ⓟ 潘凌

来这里主要接待外国团队，但现在都是面向陶艺爱好者，陶艺课成了乐天陶社的主要收入源。2023 年，乐天陶社教育中心一共上线了 68 期课程，包括基础拉坯、表面装饰、制壶、青花等，平均一个学员支付的课程费用为 2000 多元。

面向大众的运营提升了乐天市集的人气，每周六的乐天市集会吸引大量游客——事实上，整个雕塑瓷厂都已成为景德镇的“必逛景点”，主干道旁的街铺和后街的老厂房都开满了陶瓷店、咖啡馆，乐天市集在其中甚至不算是最热门的打卡点。

在大牛看来，乐天市集能在大众范围走红，除了因为有更公司化的管理，景德镇整体的基础设施变得更适宜旅游也是原因之一。好喝的咖啡、Wi-Fi 和干净的厕所……这些郑祎当初用来吸引艺术家的一些细节基础建设，如今对景德镇来说已经不再是问题。抵达景德镇也变得更加方便，2017 年，衢九铁路通车，景德镇和距离最近的一线城市上海的单程时间缩短到 4 小时，大牛收到郑祎的邀请时就正好在高铁上。

到了这个阶段，市集早已不仅是年轻创作者的孵化平台，而且是能够吸引大量游客的商业模式，尤其对于当地政府而言。陶溪川创意市集被一些人视为乐天市集的有力竞争者。这个市集坐落于工厂改造的陶溪川文创街区。整个街区的面积是雕塑瓷厂的 10 倍，由江西景德镇陶文旅集团运营，市集每逢周末傍晚到夜间开张，摊位数量大约有 700 多家，占据了文创街区的各大主干道。

陶溪川市集的摊主们不太会被叫作艺术家。陶溪川邑空间负责人刘玉坤通常把他们称为“创客”或者“双创青年”，摊主年龄须在 35 岁以下。“双创”一词源于中国政府 2015 年推行的政策，字面意思指的就是创业和创新。

陶溪川邑空间里有一块电子屏幕，实时播放园区内的“景漂”数据，包括籍贯、公司注册信息等等，申请注册可以在小程序上直接完成。这些正规流程是乐天市集没有的，他们只能提醒摊主办营业执照或申请版权。

这些正是乐天市集原本欠缺的地方，它事实上长期扮演了“创意陶瓷孵化器”的角色，但一个孵化器所需要的配套服务它并不具备，它提供给年轻艺术家的核心价值其实是郑祎和乐天陶社的背书、市集长期积累的名声和共

景德镇主要市集一览

名称	营业时间	地址
乐天陶社创意市集	周六 9:00—12:00	新厂东路 139 号雕塑瓷厂
明清园市集	周六、周日 9:00—12:00	新厂东路 139 号雕塑瓷厂
陶溪川创意市集	周五、周六 16:30—21:30	朝阳路 299 号陶溪川文创园区
陶溪川艺术市集（陶然集）	不定期	新厂西路 150 号（原陶机厂）
鬼市	周一大约 3:00—7:30	曙光路古玩市场

资料来源：根据公开资料整理

同体的认可。但一个年轻人想要以陶瓷创作为生，需要懂得的不仅是创作，还有经营。

2018 年，刘玉坤加入了陶文旅集团内部的一支年轻团队。他不是景德镇本地人，但曾在此读中学，大学毕业后回到了景德镇。在他看来，公平才是留住“景漂”的关键，而陶溪川市集遵循这个原则，每月的申请都由不同的摊主委员会负责筛选。

一名曾在乐天和陶溪川都摆过摊的手艺人反映，乐天给人的印象是普遍质量更高，售价更贵，而陶溪川申请流程简单、省力。她有时两边都会申请，陶溪川通过率要高得多。

在疫情期间，景德镇兴起的另一种模式也在影响着市集——直播销售。陶溪川成立了直播基地，号召摊主们参与，2021 年还曾与景德镇市商务局和人力资源和社会保障局举办电商活动，年内完成了 30 亿元的商品交易总额。

陶溪川也和旅游绑定得更紧密。根据《景德镇日报》2023 年 4 月的一篇报道，2022 年陶溪川文创街区共接待游客 390 余万人次，而实行了购票制后，乐天市集每周六限流接待 3000 到 4000 人。

陶溪川或者说整个景德镇都在把“市集”视作旅游的招牌目的地，乐天市集此前的运营策略也助推了自己的走红，但真成了“网红”，乐天市集又显得不适应了。游客能够带来人气，但未必能带来销售额，过于拥挤的环境也会挤走一部分原本的专业买家。

2023 年，乐天市集开始实行收费预约制。“收费是迫不得已，我们从 2023 年 3 月和 4 月的数据上也看到，人流多了，但销售额没有上去。”大牛说。比起游客，乐天市集可能更需要可持续的买家，至少在收费之后，每周六市集不再人满为患，摊主们也不再忙着直播。10 月，他们还计划办一个“窑滚”音乐节。

如今，乐天市集外的道路早已从土路变成了规整的柏油路，从乐天市集里走出的年轻人开枝散叶，有的留在景德镇开店，有的已经放弃陶瓷。如今的乐天市集已经不再是景德镇的年轻人获得机会的唯一路径，市集本身也不再只为专业圈子服务，但在这里你仍可以看到以艺术家为目标的创作者，他们的故事都才刚刚开始。

郑祎

艺术家、策展人，乐天陶社社长、陶瓷再生设计机构“祎设计”联合创始人。

2005 年，郑祎把她的乐天陶社开到了景德镇雕塑瓷厂的老厂区，过了三年，乐天市集开张，自此之后，越来越多的年轻艺术家聚集到景德镇，而郑祎是其中最主要的推动者和见证者之一。十几年过去，她对景德镇和陶瓷的感受完全变了。

郑祎：小河变成了大河

text / 林洵 程绚

photo / 乐天市集

Q A

Q = 未来预想图（Dream Labo）
Z = 郑祎

Q：乐天陶社成立的时候，景德镇是什么样的？

Z：1998 年我来景德镇看陶瓷， 对城市的印象就是街道很乱，基础设施也不规范，留下的几乎全是老人，年轻人毕业就走了。但我好喜欢这里，因为这里有很多手艺人。当时他们只是传承师傅的手艺，不了解科学规范，其实这些手工艺都是有科学依据的。

乐天陶社是 1985 年在香港成立的，我想在内地也建一个达到国际标准的陶艺工作室，所以就在上海开办了内地第一家乐天陶社。2003 年左右，景德镇陶瓷大学的老师邀请我带国外的陶瓷艺术家来学校展示陶艺和开讲座。我们带上所有工具去了，发现那边环境不达标、设备不齐全，所以放弃了继续合作的念头，决定在景德镇自己找地方做。后来就把乐天陶社开在了雕塑瓷厂。

Q: 一开始你就想做乐天市集?

Z: 并没有，因为希望全世界的艺术家可以过来看到景德镇的手艺，所以我就开始了国际驻场艺术家项目。一开始赚钱的其实就是我们国际驻场这个项目。2008 年左右，有年轻人过来问我能不能在咖啡馆门口摆摊，我就让他们每周六上午都来，坚持 8 周。我只是想创造一个平台，你可以来卖，但我不管你卖不卖得出去。后来来的摊主越来越多，我就开始筛选，标准就是希望他们的作品有创新、有新鲜感。我记得 1998 年刚来景德镇的时候，看到这里全是青花，花瓶也是青花，后来才不一样了。

Q: 你觉得乐天陶社给景德镇带来了哪些变化?

Z: 最大的贡献是吸引了全国的年轻人来这里创业。因为我们，这条河流开始变成一条大河了。如果我们没有搭建这个平台，没有这个市集先把人留下来，再慢慢吸引更多人来，年轻人还会留在景德镇吗?

Q: 除了市集，你还给年轻人提供哪些帮助?

Z: 疫情前每个星期五，我都要求国际驻场的艺术家办一场讲座，什么人都可以过来听，有一次坐出租车，司机跟我说他也来听过我们

景德镇要守住的是这帮手艺人。我的初心是来给大家看这里的手艺人在做什么，但他们还在吗？

周五的讲座。如果周五讲座没有什么国外的人来，我们也会请雕塑瓷厂里面一些比较优秀的匠人来做讲座，他们的技艺基本上没有什么人传承。

我们还会带比较优秀的摊主去外面，比如参加伦敦设计周、日本益子市集等。市集的这帮摊主也会变成朋友，有的在里面认识，甚至结婚。除了陶瓷还有很多活动，比如一起去山上捡垃圾、相亲、摇滚音乐会……这里是一个社区。

Q：你做了这么多年孵化和扶持年轻人的工作，为什么景德镇没有出现一个非常出名的陶瓷品牌？

Z：景德镇的手艺人以前是从御窑厂发展起来的，他们为皇家做瓷器，其实从古至今都是手工小作坊模式。

乐天市集开始后，我们开始鼓励新东西。我们说没人做茶具，大家就会做一些手工拉坯的杯子；我说如果大家不用瓷泥，用陶泥来做会怎么样，好多人就开始做陶泥的东西。

那会的摊主还会想着去创新，现在的摊主很多都不会这么创新了，他们变得更懒了。通过摆摊，找到一些客户，忙不过来，就不摆摊了，但是东西不会好到哪里。大家都做同样的东西，就没有新鲜的刺激，也不会受更好作品的的影响，你也看不到更好的东西。

我也想过扶持一个人或者一个品牌，因为大多数人是为了谋生。在国外做陶瓷成功的人，很多人原本就衣食无忧，他们做这个东西不是为了赚钱，而是想把它做得最好。阿玛尼在米兰一个小空间里做衣服，他是为了做大做强吗？他只是要做最好的。

Q：现在景德镇除了乐天陶社，还多了很多市集，你们都成了热门的旅游目的地。

Z：雕塑瓷厂这块现在全都是游客。以前星期天没什么人，我就可以在办公室慢慢画画；现在大家都在窗口看我，敲窗口，我得把窗帘拉下来。

政府也开发了陶溪川。我那时建议陶溪川这个地方保护下来，可不可以划出一个原创区，三分之一给年轻人做工作室，三分之一给中青年做展览，还有三分之一做商业。商业的那三分之一租金可以收得贵一点，工作室的租金便宜一些。但现在全都是商业。

景德镇要守住的是这帮手艺人。我的初心是来给大家看这里的手艺人在做什么，但他们还在吗？

Q：你会给从事陶瓷行业的年轻人一些什么建议？

Z：去国外拓开眼界，去看世界外面是什么样的。穷游中国也行，你穷游出去就可以了。做好一点的东西，技术、概念和理论依据都要有，特别是要有自己的概念。还要创新，自己要有独立思考的能力，做一些高质量、有创意的东西，不要做差的东西。

我想在景德镇以外的地方，搭建一个非常优秀的环境，给一群比较优秀的艺术家，让他们可以安安静静地搞创作。

Q：你做了一个关注陶瓷废料回收利用的新品牌祎设计，为什么要做这个事？

Z：陶瓷废料是很严重的问题，不只在景德镇。我希望它能够和城市更新结合在一起，想想看，如果有一个小区的建筑外立面，全部都是用回收陶瓷再利用，会很漂亮。陶瓷回收是一个世界性的问题。祎设计就在做陶瓷废料的回收利用，它是现在景德镇最创新的东西，我希望以后我们的想法和技术在中国甚至海外的每个产区都用得上。

Q：你对景德镇失去热情了吗？

Z：我已经 60 岁了。艺术家我已经做得很成功；做乐天陶社其实也很成功了；我现在就做祎设计，等它成功了我就结束了。说起来，其实我本科不是学陶瓷的，我是读动物学出身。 我有一匹马在昆明，我想要回到那里，天天养我的狗和马。

陶瓷再生设计机构“祎设计”是郑祎当下关注的事业，她认为这是比陶瓷创意更重要的事。

鬼市：景德镇市集的B面

text

/

顾芃

photo

/

潘凌

如果说雕塑瓷厂和陶溪川的创意市集代表了景德镇面向外部世界、面向未来的陶瓷艺术创作，鬼市可能就代表了景德镇的另一面——更隐秘，更关注过去。所谓“鬼市”，是 20 世纪 90 年代发展起来的古玩早市，由于凌晨就开始摆摊，光影昏暗，因此逐渐就有了“鬼市”之名。最早是在人民广场一带逐渐形成规模，现在则集中在曙光路上的陶瓷古玩城。

鬼市每周一凌晨 3 点开市，有时候周二也开，但摊位的数量要少许多。当然也有不少摊主五六点钟才来，一直摆到中午。进了陶瓷古玩城，中间是一块露天区域，两边有遮阳棚，很容易找到卖手电筒和放大镜的小摊。天亮后，手电筒的作用也未消失，因两侧区域偏暗，须有照明才能看仔细。

本地人说起鬼市，有时不说“去鬼市”，而说“趟鬼市”，大意是这里面水深，买东西要小心。谈价格，有摊主会以“毛”和“块”报价，分别代指 10 元和 100 元。

摊主的标准配置是一只行李箱，里面装货和包装用的报纸。一张报纸或泡沫塑料往地上一垫，摊位就有了。瓷器、碎瓷片，乃至书籍、字画、铜器、木雕、玉器、花瓶，鬼市摊位上的货应有尽有，等着人去趟。

1 手电筒：手电筒是趟鬼市必不可少的道具，当然现在人们也开始用手机的手电功能。**2 报纸：**旧报纸是鬼市摊主常见的工具，用它来包裹陶瓷器最轻便好用。**3 凌晨：**鬼市每周一的凌晨 3 点开市，这里聚集了景德镇最“硬核”的淘宝者。**4 直播：**现在的景德镇流行陶瓷直播，拿着手机直播摊位上的产品，讲解工艺和年份，是给摊铺带来客人的办法之一。**5 食品：**一个市集有了规模，逐渐就会有些新东西，既然是早市，也会有摊主顺便卖菜。

#教授街

这是陶瓷大学一些教授们的聚居地，这所大学，正深度参与并改变着景德镇的样貌。

© 潘凌

SANBAO INTERNATIONAL
CERAMIC VALLEY
教授街
Jiaoshou Street
教授街
교수가

text

/

邓依云

顾笑吟

photo

/

潘凌

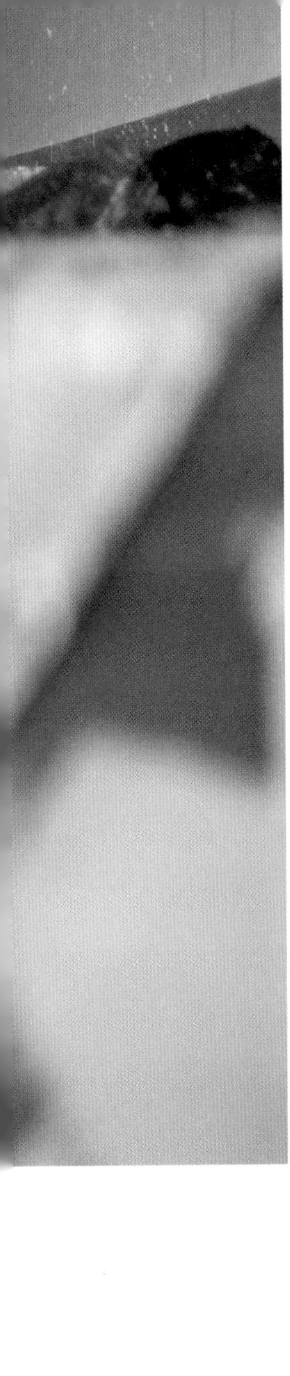

在这里，陶大比清北更重要

景德镇市中心往东北山麓开车约30分钟，就到了景德镇陶瓷大学的主校区——湘湖校区。整个校区依山而建，红砖色外墙建筑错落有致地掩映在山林中。

在景德镇，没有人不知道陶瓷大学。这是全国唯一一所以陶瓷命名的综合性大学，因为陶大的存在，所以在国内数个重要的陶瓷产区中，只有景德镇是拥有专业陶瓷类院校的城市。

然而陶大并不只属于景德镇。事实上，在全国各地陶瓷产业中都有大量人才毕业于陶大，以至于业内都把陶大称为陶瓷业的“黄埔军校”。

梳理陶大的历史可以发现，这所学校成立之初就是为了颠覆传统的人才培养模式。

陶大的故事要从18世纪工业革命后说起，当时西方国家已经逐渐用机械制瓷代替手工，用煤窑取代柴窑，这么做既可以提高生产率，还降低了成本。然而彼时的中国陶瓷业，还严重依赖师徒传承制，这种模式有强烈的排他性，行帮间的垄断更是阻碍了陶瓷技艺的创新发展。

一群有识之士意识到，要想振兴陶瓷业，就必须改变单一师徒制。1910年，中国近代实业家、教育家张謇等人牵头向西方学习，在江西创办了中国陶业

陶大对景德镇的重要意义在于，它吸引了人、培养了人、留住了人。

陶瓷大学里有各种各样与陶瓷相关的实践教室供学生操作，如车模教室（1）、拉坯教室（2）、注浆教室（3）和可供学生使用的窑炉（4）。

学堂，在后来的 110 多年中，中国陶业学堂数度更名、迁址、停办、复兴，才逐步转型成为如今这所现代化综合性大学。

如果以传统定义来看陶瓷大学，它并不算是个“好学校”。2016 年，它才刚从二本院校升为一本，根据多个非官方榜单，2021 年，在全国 2700 所大学中，陶瓷大学的排名都在 220 到 305 位之间。

但在陶瓷行业内，陶瓷大学是一块“金字招牌”。在深圳人才集团联合清华大学技术创新研究中心发布的《中国创新人才指数 2021》中，陶大甚至超越了清华大学，在“大国工匠”人才指标上位居榜首。

从小就喜欢绘画和手工的黄子如在高二时就听说景德镇有一所陶瓷大学，当时她的志愿清单里还有几家美院，直到最后填报时，她还是把陶大作为第一志愿，因为她发现，但凡与陶瓷相关的，都离不开陶大，更离不开景德镇。

1

2

3

4

在景德镇，陶瓷大学就是一块“金字招牌”。

多数来陶大学习的年轻人都和黄子如抱有同样的想法。尽管陶大目前已经有60个本科专业，覆盖工学、管理学、文学等多个门类，但最受欢迎的，依然是跟陶瓷相关的专业。从陶瓷材料，到陶瓷艺术设计，到陶瓷制造……几乎覆盖了陶瓷的全产业链。

在黄子如看来，陶瓷大学对行业最积极的推动并不是培养纯粹的艺术家，而是有专业技能的应用型人才，这点在专业方向的细分和教学内容的设计上都有体现。以黄子如所在的陶瓷艺术设计专业来看，下分了陶艺、装饰和综合材料等多个方向。“老师会希望你在掌握基本材料和技法的基础上培养自己的思维，选择具体的发展方向，并不是说所有人都要成为艺术家。”

为了更好地培养应用型人才，陶瓷大学与企业的产学研合作非常紧密，通过双向输出拉近学校教育和行业发展之间的鸿沟。

以陶大公认的王牌学院材料科学与工程学院（后称“材料学院”）为例。他们的本科生培养方案遵循的是“四年一大修，两年一小修”的原则，根据企业、行业专家和毕业生的实际需求反馈来调整教学内容。2022年，材料学院还与乐华陶瓷等多家企业合作创建了现代陶瓷材料产业学院，从大二学生中挑选优质生源组建创新实验班，采用3+1的培养模式，即3年理论学习加上1年实践教学，整套培训方案都由学校老师、企业工程师和生产管理人员一起参与制定。

让企业参与到教学中，是陶大校企合作的一面，而另一面，学校也向市场输出了科研能力。这些被派驻到企业的在职教师叫作“科技特派员”，他们需要有一定的技术特长和服务企业的经验。这些科研人员带着最前沿的科研能力帮助企业解决实践过程中的各种技术难题，同时将研究成果产业化。目前，材料学院已有32名科技特派员进入到企业中，并成功落地了11项创新技术成果。“这是我们陶大应该发挥的特长，也是我们寻求的特色发展路径。”陶瓷大学材料学院院长汪永清说。

校企捆绑的结果直接体现在了陶大的就业率上。从材料学院2021届毕业生数据可以看到，361名毕业生中共有337人就业，毕业去向落实率达到93.35%。

不过对于陶大学生，就业并不是他们进入社会的唯一途径，尤其是美术学院和设计艺术学院，几乎是陶大创业率最高的两个学院。如果说陶大给予了这群年轻人创业的软性条件，那么湘湖村则赋予了他们实现创业的可能。

大志是陶艺设计专业2015届的毕业生，从大一下学期开始，他就有了自己的工作室，每月400元的房租，一台700元的二手拉坯机，加上一包30元的泥巴，就是他创业之初的全部成本。

大志的工作室就在陶大所在的湘湖村，这里聚集了大量陶大的师生以及初来景德镇创业的年轻人。2013 年以前，湘湖村还是一大片农田，除了村民之外鲜有人至。然而今天，这里已经演变成了一片房屋密集的城中村。大量村民自建的新房拔地而起，由于缺乏管理和规划，这些房屋的排布杂乱无章，高低不一。但正是这种野蛮生长的气质孕育了湘湖与众不同的活力。

在湘湖村的小路两边，可以看到许多写着“承接毕业设计”的招牌。陶大学生在做毕业设计的过程中，像是翻模、烧窑等工序有时会需要老师傅的协助。这些老师傅原先多在景德镇雕塑瓷厂或新都陶瓷园附近，但随着湘湖村里制作需求的增多，许多老师傅便迁到了这里。

有人的地方就有生意。在湘湖村，你几乎可以买到与制瓷相关的所有材料和工具，从瓷土，到色釉，到拉坯机，这里还有许多公共窑，给那些没有能力购置窑炉，或担心自己烧制技术不佳的人烧制作品。

低廉的房租、完备的采购链、一条龙式的制瓷服务，让湘湖村成为如今景德镇创业成本最低的地方之一，不仅留住了陶瓷大学的学生，也吸引着学校之外，乃至景德镇之外的人来寻找机会。

2020 年年底，来自甘肃的赵海鹏和朋友在湘湖村租了一间 300 多平方米且带院子的一层，做起了陶艺培训的生意。他也曾考虑过三宝和雕塑瓷厂，但最终还是因为房租便宜、生活便利而选择了湘湖村，最重要的是，这里靠

陶瓷大学前面的湘湖村，自建的楼房参差不齐。

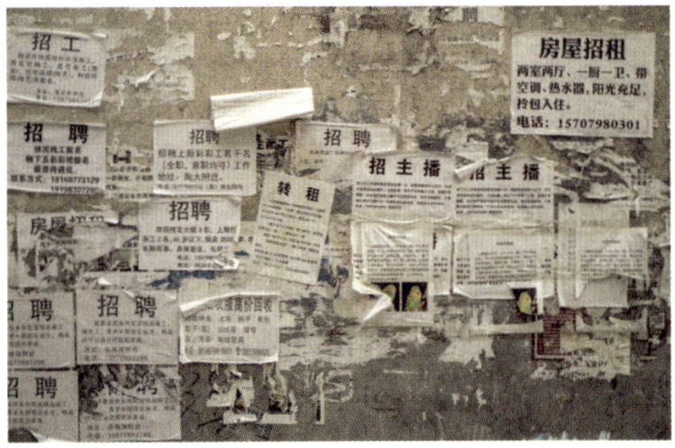

近学校——“陶瓷大学，它就是个活招牌。”赵海鹏说。

2020年找房时，湘湖村的房子已经没有太多理想的选择，赵海鹏听得最多的一句话就是“租满了”。而在过去的三年里，他更是见证了湘湖村的快速发展。一开始，他主理的不凡陶艺培训工作室里，每个月只有3到5名学员，后来慢慢增加到20人。到了2023年4月，学员数量暴增到每月50人左右，已经达到他们可接待人数的上限。与需求上涨相对应地，周边的房租也从三年前的每年1.5万元涨到了现在的2万元。

这些学员大多从外地过来，既有其他高校的学生，也有一部分从一线城市来景德镇“躺平”的人。除了短期的陶艺培训，不凡陶艺还提供驻场服务，这在景德镇很普遍，学员支付场地费，就可以用这里的材料和设备创作。这种模式很受刚刚起步的年轻人欢迎，他们在这里完成作品，再拿到市集摆摊，进一步降低创业成本。

在陶大美术学院副院长赵兰涛看来，相较于浙江龙泉、江苏宜兴、广东佛山这些陶瓷产区，景德镇之所以呈现出完全不同的发展势头，关键就在于拥有陶瓷大学这样一个历史悠久、以陶瓷为核心的高校，把全国乃至全世界的年轻人带到这座城市，并激发学校周边乃至整个景德镇的活力。

走在陶大的校园里，你经常能看到年轻的外国面孔，他们多是陶大的留学生。在疫情之前，每年有近百名留学生在陶大就读，其中大多来自与陶瓷相关的艺术类专业，很多留学生毕业后会留在景德镇创业。“你们在景德镇看到的‘洋景漂’，至少有一半都是陶瓷大学的学生，或者是在学校驻过场的艺术家。”张婧婧说。

张婧婧所主持的陶大国际学院于2016年正式成立，除了招收留学生，还创立了国际陶艺工作室，邀请外国友好学校的师生和

湘湖村的墙上处处可见招聘和房屋招租的广告。

陶瓷大学美术馆建成后，承担了陶艺双年展等行业重要的大型展览。

在赵海鹏开设的陶艺培训工作室里，空间是按照制瓷流程对应的关键步骤来彼此间隔的。

艺术家来驻场创作。

在陶瓷历史和文化深厚的景德镇，国际交流具有格外重要的意义。自2019年获得国务院批复成立景德镇国家陶瓷文化传承创新试验区以来，按照政府规划，预计到2035年，景德镇要成为具有重要影响力的世界陶瓷文化中心城市，将千年瓷都转型为“国际瓷都”。

早在1998年，三宝国际陶艺村向国际艺术家开放驻场，吸引了第一批外国艺术家来到景德镇时，景德镇就开始与世界打交道了。此后，各种民间交流不断，而陶瓷大学作为全国唯一一所以陶瓷命名的大学，可以说是景德镇官方与世界交流的桥梁。

陶瓷大学师生的作品先后在法国卢浮宫、希腊亚洲艺术博物馆、法国巴黎大皇宫等地展出。2012年，为纪念中英建交40周年和英国女王伊丽莎白二世在位60周年，陶瓷大学（当时名为“中国景德镇陶瓷学院”）和英国剑桥大学联合举办了景德镇当代陶瓷艺术展，共60件陶瓷艺术作品在剑桥大学菲茨威廉博物馆展出。

然而，只是把作品带向世界是远远不够的，按照景德镇市政府“两地一中心”的定位，要想把景德镇建设成国际陶瓷文化交流合作交易中心，景德镇现在更需要的，是把世界各地的艺术家邀请到景德镇来交流创作。

姜逸每是陶瓷大学外国语学院的口译老师，她的另一项工作是接待外国来宾。2023年的新学期，姜逸每明显感觉各种交流活动变得频繁起来。2月底，联合国教科文组织国际陶艺学会主席、挪威艺术家托比恩·卡瓦斯博来景德镇进行为期两个月的驻场创作，其间还在陶瓷大学开展讲座等活动；3月，陶瓷大学与江西省美术家协会、台南艺术大学联合主办的“山海共长”两岸陶艺邀请展开幕……

而2023年最重要的工作之一还是11月开幕的景德镇国际陶瓷艺术双年展。这是景德镇与陶瓷大学合作的品牌项目之一，也是景德镇近两年最为重要的国际交流项目。2021年，陶艺双年展在陶瓷大学美术馆首次举办，共206件来自全球各地的作品入围展出，集中反映了近几年当代陶艺的最新成果。5月25日，第二届陶艺双年展的主题发布。

最近，张婧婧又开始忙着筹备联合国教科文组织国际陶艺学会（International Academy of Ceramics，IAC）的大会，这是代表世界当代陶艺最高水平的大会，也被称为“陶瓷界的奥林匹克”。陶瓷大学正联合景德镇市政府共同申报2026年第52届IAC国际陶艺学会大会在景德镇的主办权。

走过了110多年，陶瓷大学见证并参与了中国现代陶瓷教育的历史，而如今，它已不再仅仅作为学校本身，而是景德镇乃至中国陶瓷向全世界递出的一张名片。

景德镇的年轻一代，开始做自己

在景德镇强势的文化标签之下，本地年轻一代却有一套自洽的生活准则，不管是否从事与瓷相关的工作，他们都找到了属于自己的与这座城市链接的方式。

1/ⓟ李大同

← 乐队主唱

2/ⓟ涂格

3/ⓟ涂格

唱一首“景德镇”

text
/
王芷笛

photo
/
李大同
涂格

在国内众多独立乐队当中，有这样一支乐队，他们将后摇滚、实验、神话、哲学、寓言结合在一起，形成了一种难以归类却很有辨识度的音乐风格，还因此收获了一个特别接地气的称号“赣东北乡土文化艺术团”。之所以将地理范围定在赣东北，是因为这支乐队来自江西省东北部的三个地级市之一：景德镇。

无法确定他们是不是景德镇唯一的本土独立乐队，但几乎可以确定的是，他们是这里最"出圈"的一支，就连他们乐队的名字"景德镇文艺复兴"，也像是在向每个不认识他们的人宣告自己的出处。

九三，一个土生土长的景德镇人，她的祖辈父辈都以陶瓷业为生。20 岁之前，她是个护士，如今，她是景德镇文艺复兴乐队的主唱兼吉他手。

2023 年 3 月，乐队在温州盲堂 livehouse 的巡演现场，以专辑《云难》为主题，用音乐和戏剧表演诠释了一个多篇章的神话主题故事（1）。
无事的时候，九三常去灵珠村里的山居灵珠住上一段时间，这是由陶大雕塑系已毕业的学生创立的民宿（2—3）。

Q A

Q：给要来景德镇玩的人推荐一个地方？

A：我最推荐景德镇周边的小村子，比如灵珠村。虽然它不知名，但有很丰富的景色，春天油菜花会开，秋天全都是稻田，非常美，而且全免费。

在乐队 2020 年发表的专辑《小歌行》中，九三写了一首歌叫《老罗汉肚》，这是靠近御窑厂的一条里弄的名字，也是她从小生长的地方。

并非科班出身，九三的创作风格很肆意，很随性，如果要往前探究她与音乐何时结缘，那就不得不提到一个关键人物——老张，他被九三称为"可能是当时景德镇唯一搞原创音乐的人"。

跟着老张，九三开始学吉他，学着如何做原创音乐。2012 年，她辞掉了护士工作，拉上老张，琢磨着开个咖啡馆，"希望为景德镇创造一个独立音乐、电影、诗歌爱好者的小聚点"。对应景德镇当时几乎空白的文化艺术行业，这家名叫"文艺复兴"的咖啡馆就这样开业了。

做咖啡馆期间，九三写了《小市民》，和老张一起做成了单曲，之后又慢慢有了组乐队的想法，可以说咖啡馆一路伴随并见证了这支乐队从雏形到成熟的过程。于是，当他们最终确定要成立乐队时，几乎没有犹豫，就延用了咖啡馆的名字——景德镇文艺复兴。

和乐队的名字一样，九三的音乐创作也紧紧围绕着这座城市，既融入了当地的神话故事，也有基于在地构思的新故事。第一张专辑《水码头》讲述的就是发生在景德镇昌南河上的一系列神怪传说，而专辑《小源春之》则是以景德镇兴盛的瓷、茶生意为背景，构思出的穿梭其间的小人物小源和妻子春之的故事。2020 年，他们还推出了景德镇四部曲，围绕春夏秋冬的轮转，带着听众认识这座南方小城。

伴随着乐队的发展，咖啡馆也成了 livehouse，赵雷、杨策、痛仰这些音乐人及乐队都曾将这里作为巡演的一站，但即便如此，在景德镇做音乐，依然不简单。10 年多的时间，livehouse 搬了 6 次家，几乎始终靠着乐队收入来支撑场地和人员的费用支出。路虽难走，九三还是坚持了 11 年，直到 2023年7月，迫于种种原因，她和老张商量后选择了关停。

某种程度上，她觉得景德镇是她的桃花源，清闲的时候她就愿意跑进山里，在不受打扰的山野间审视内心，同时还能享受更低的生活成本，"好在音乐行业不限制人一定要在某个地方待着"。

在平凡日子中寻找一些不安分

2023 年 5 月 21 日下午，景德镇九集小镇上演了一场声势浩大的青少年街舞表演赛，200 多名初中生参加了比赛，活动主办方是景德镇街舞协会，一个以比赛为主，促进景德镇街舞文化交流的非营利性组织。

火石是景德镇街舞协会的会长和发起人。2019 年，为了筹备协会，他先后跑了十几家舞房谈合作，又跟政府教体局申请资质，筹备了半年才踏上正轨。在火石的设想中，协会可以让景德镇的街舞爱好者流动起来，不再局限于舞房。

text
/
钟恩惠
董思哲

photo
/
潘凌
肖南

街舞协会会长
导演

1／ⓟ 潘凌

火石的另一大爱好是复古机车。平时，他会约朋友一起去郊外骑车散心（1）。
机车的乐趣在于改装，但景德镇没有专业改机车的地方。火石通常得自己构思，再请师傅完成焊接、组装等工艺（2）。
火石是景德镇第一批学街舞的人。他所学的霹雳舞讲究竞技性，复杂动作特别多（3）。

2／ⓟ 肖南

QA

Q：推荐一家你喜欢的景德镇店铺？

A：禾场咖啡，一家坐落在山间的集装箱咖啡馆，风格复古，还能听到溪水的声音。

火石并非舞蹈科班出身，在舞蹈上的投入和热情却不比科班人少。初中时，火石偶然接触到韩国作家金秀容的漫画《街舞》，以街舞为题材，讲述年轻人迷上街舞文化的过程。“我一下就迷上了，一边看一边忍不住模仿里面的动作。”火石说。

自此，街舞几乎伴随着火石的初中和高中时光，甚至在北京读大学期间促成了他成为导演的可能。

3/ⓟ肖南

大一开始，火石就加入了街舞社，之后活跃在学校各种活动的开场演出和比赛中，不少人知道他，并陆陆续续有影视系的同学来找他参演。当他在一年里演过十多部作品后，原本就对工商管理专业不感冒的火石动了转专业的心思，“我发现导演需要协调一群人一起工作，这符合我的性格，而且还能有自己的创作”。尽管父母极力反对，火石还是说服了他们，转到影视系。这次“抗争”之后，火石开始真正意义上的自我探索。

在北京，火石做过很多工作。写过剧本、做过企宣，是大型晚会的视频导演，也是舞台剧的舞台监督，甚至，一次偶然的机会，他还参与了二次元舞台剧《全职高手》的演出，当过一段时间的演员。

2018 年，在跟着剧组全国巡演了 58 场后，火石回到了景德镇。这次回来和以往的感受都不太一样，过去，每每遇到职业空窗期，火石总会退了房回景德镇休息上一阵，景德镇像是他的驿站，累了，乏了，回来调整下身心，再重新出发。而这一次，火石真的不想走了。

在火石眼里，景德镇是个很奇怪的地方，既有类似一线城市的文化消费感，又有着四五线城市的安逸。或许正是如此，景德镇在这几年源源不断地吸引着年轻人移居至此。

在外漂泊多年的火石决定留下来。一方面他如父母所愿进了政府部门工作，一方面内心的不安分总会驱使他去做些什么。街舞协会就是他留在景德镇并和这座城市找到的第一个契合点。

“小时候，我玩街舞家里人不理解，但现在霹雳舞在 2024 年就是奥运会竞技项目了，我希望能创造条件，让那些喜欢街舞的孩子获得认可。”火石希望通过各种各样的街舞比赛去鼓励街舞爱好者进行良性的交流和竞争，见识更广阔的世界，激励自己变得更强。

不只是举办比赛，在火石的规划里，街舞协会作为一个半官方组织，还需要做景德镇市街舞队的选拔、裁判培养等工作，在这座城市建立起真正的街舞文化。

日常工作之外，如果有导演工作找上门，火石还是会协调时间去接。2023 年年初，他还为反诈骗主题的公益舞台剧担当执行导演，在全国 6 个城市巡演。

火石这个名字，是回景德镇之后改的，它取自汉字“炻”，是介于陶器和瓷器之间的一种陶瓷制品，寓意着人生正在经历不同状态的转化。这一次，火石似乎找到了理想和现实的一点平衡。

text
/
顾芃

photo
/
潘凌
旸
王杰

1/ⓟ旸

2/ⓟ王杰

大学老师
机车爱好者

我在陶大教拉坯

QA

Q: 如何看待陶大对景德镇的意义?

A: 比起陶大对景德镇，可能景德镇对陶大的意义更大。借用景德镇陶瓷大学陶瓷美术学院金文伟教授的话说，景德镇就像一个放大版的陶大。

3/ⓟ潘凌

教学工作之余，余佳祯常去三宝的工作室。他将做陶的过程形容为类似“疯狂农场”的游戏，急不来，只能一步步走（1）。
左为2018年余佳祯在韩国首尔举办的个人展览“祈愿”上的展品，名为“律动仰望”；右为2019年余佳祯参加“亚洲国际交流展览”的作品，名为“企望”，展出于韩国ClayArch金海美术馆（2）。
余佳祯有一群固定的车友，他们不定期聚在一块交流机车改造，或是出去跑一跑（3）。

靠近景德镇三宝瓷谷的入口处，有条“教授街”。那是一片私房，离景德镇陶瓷大学湘湖校区不远，不少教授把家安在那。余佳祯的家就在那里。

他的父母都在陶大任教，因为经常出差，童年时期，余佳祯觉得自己像一件行李，要么被寄放在老师家，要么被带着到处跑。印象最深的一次是去赶绿皮火车，因为太过拥挤，父亲只能透过车窗把他塞给车厢里的母亲。就这样，父母去学校，他跟着；父母去作坊，他就待在一旁，看着坯泥在一圈圈的旋转中变换出不同的器形。

长大后，他到上海学习视觉传达，组过乐队，做过兼职摄影师，又去韩国学习陶艺，最终还是回到景德镇，选择了泥土。

“我是我们家拉坯拉得最好的。”余佳祯开玩笑道。尽管父母都是陶大老师，但属于陶瓷艺术设计和陶瓷绘画方向，对余佳祯也没有传承的要求。反倒是他自己，兜兜转转之后，成了陶大美术学院陶艺系讲师，教授拉坯系列课程。

拉坯是制瓷的根本，也是陶艺系的必修课，需要大量重复且枯燥的练习作铺垫。余佳祯记得自己刚学做陶时，每天要做 10 到 20 个杯子，然后用由两根筷子绑成的十字架来做标尺，看看每个杯子的口径是否一致。如今有学生会提出疑问：既然这些手工制瓷的方式早晚会被高精机器所取代，那为什么还要继续这件事？

这也曾是余佳祯年轻时候的困惑，但他花了一年时间，在手和泥的反复配合中找到了答案。“手和泥是可以交流的，这种交流来自于每一圈的控制，它跟我们的肌肉、手型、手势、呼吸，甚至心境都有关系。”余佳祯说。而这些因素给坯体带来的微妙变化是机器所无法代替的。

2019 年回到景德镇以来，余佳祯明显感受到，随着大量怀有梦想的年轻人来到这里，浓厚的现代艺术氛围正在悄然改变这座传统手工艺城市。余佳祯也常常从学生那里有所收获：“年轻人对于美的、实用的概念都有自己的理解。”

余佳祯家的后院，停着两台机车。之前他在上海做兼职摄影师的时候，就曾骑着二手小摩托跟着杂志编辑跑点。回到家乡后，他的生活半径变小了，跨上机车，几乎可以去任何地方。他还结识了不少骑机车的朋友。“不像在大城市，会有一个乌托邦，你只要加入就可以了。在这里，同好圈需要自己来建立。”他和朋友们有一个机车群，偶尔一起飞驰，不必约，去三宝路，或者西河湾沙滩就能找到人。

除了陶大和家，三宝村的个人工作室也是余佳祯生活轨迹里的一个固定点。没事时，他就会回到工作室，安静地做陶艺作品。他仍然保持着学生时代通宵做瓷的习惯，晚上开工，拉坯、烧制、等瓷坯干燥或冷却，第二天再回家睡觉。“我不听音乐，”他笑了笑，“做无聊的事情才要听音乐对不对？”

研究仿古瓷后，我对它改观了

text
/
王芷笛

photo
/
肖南

宛玉工作室

瓷器品牌主理人

1/Ⓟ肖南

2/Ⓟ肖南

3/Ⓟ肖南

从热衷创新到做仿古瓷，江歆认为复刻并不是单纯地模仿古人的东西，而是对传统工艺体系的再学习（1）。
江歆工作室内，等待入窑烧制的产品（2）。
每周一、三、五下午三点，江歆都会准时在这里开始她的直播（3）。
江歆工作室的复刻作品，从左至右：莲池鸳鸯纹五彩盘、斗彩鸡缸杯、瓜地行龙纹天地罐（4）。

QA

Q：你怎么看待“景漂”对于这座城市的影响？

A：景德镇其实是一个很包容的城市。有老话叫“工匠八方来，器成天下走”，说的就是景德镇以前的匠人大多来自周边城市，比如都昌、鄱阳、乐平……而今天，可能多是院校学生和外来的艺术家等，构成了景德镇手艺人的主体。所以，从古至今“景漂”都是景德镇非常重要的存在。

见到江歆的时候，她正和合伙人一起蹲守在工厂，等着新一批产品出窑。她的身形瘦小、话不多，清冷是多数人对她的第一印象。

江歆是“宛玉”的主理人，这是一个以做仿古瓷为主的瓷器品牌。因为早早就知道自己不是个愿意朝九晚五的人，大学刚毕业时，江歆就成立了工作室，至今已有10年。

从事瓷器行业对于江歆而言是件顺理成章的事。她出生在瓷器世家，外公曾经是艺术瓷厂的车间主任，外婆在雕塑瓷厂画粉彩，到了父母这一代，则自己开了作坊。在江歆的童年印象里，拉坯、利坯这些都是她儿时的游戏。

4/ⓟ宛玉工作室

江歆的家在筲箕坞，那是景德镇有名的“仿古一条街”，但这并不是江歆做仿古瓷的原因。相反，早年时，她更热衷于追求创新，觉得复刻没有意义。她尝试过单色釉、青花等不同工艺，也曾在大学期间卖出过一些爆款。直到后来，她对复刻有了新的理解。

在过去这些精品器物身上，江歆看到的是一代代工匠努力下的集体智慧。创新不是天马行空，而是建立在景德镇传统工艺体系上的更有深度的创新。复刻，本质上就是向这套体系再学习的过程。

2017 年，江歆开始转型做仿古瓷。她并没有选择到原料厂去采购泥土和釉水，尽管景德镇有大把的选择，“我觉得做复刻，需要去感受当时古人在做的过程中的审美情绪，得回到一切的起点”。她的开始很彻底，从最基础的石头开始。

以明代成化瓷器为例，所用泥料除了高岭土之外，还有一种叫作麻仓土的成分，这种土“油脂度”很高，来自一种矿石，而这种矿石在浮梁县的深山里。为了找到这种石头，江歆带着团队一起上野山，其间没有信号，车也进不去，只能靠腿走。

诸如此类的“苦头”还有不少，就这样前后磨了近两年，江歆的复刻才找到了一些眉目，直到后来得到了老辈行家的肯定，让江歆备受鼓舞。

复刻只是基础，在做复刻的同时，她也没有忘记“创新”。她始终认为，瓷器最终服务的是生活，所以它需要融入到现代生活的场景中。比如在给鸡心杯做复刻时，他们将 130 毫升的容量改成了 50 毫升，同时还做了配套的瓷壶和盖碗。她还用仿古工艺开发了咖啡杯、威士忌酒杯以及烟灰缸等产品。

除了研究陶瓷器物，江歆还是个爱折腾的人。开茶室、搞民宿、上“艺术品管理”硕士课程，每当对生活感到厌倦时，她就会选择抽身出来，尝试一些新鲜的事情。

或许在别人看来，江歆的生活很单一，她不爱社交，几乎没有应酬，一年也见不了几次朋友，但对她来说，这是最舒服的距离。未来，如果宛玉运转良好，江歆或许会去日本或欧洲的乡村生活，过一段与世隔绝的日子——她又开始新的规划了。

水镇，茶田，瓷乡……浮梁县。
浮梁县

浮梁很小，浮梁很大

浮梁县位于景德镇北部，其县政府距离景德镇市中心城区珠山区只有 7 公里。虽然浮梁县目前行政区划属于景德镇市，但从宋朝直至新中国成立前，浮梁县都管着景德镇。

浮梁县这个区划名出现得比景德镇早，在唐朝就已形成建制，名字来源于一个梁木浮于水的具象。明朝的《郡县释名》这样解释它："以溪水时泛，民多伐木为梁也。"至于景德镇，要到宋朝景德元年（1004）才形成建制，此后 900 余年间始终隶属于浮梁县。

早在唐朝，浮梁就是有名的产茶区和茶叶集散地。元和十一年（816），诗人白居易在《琵琶行》里写："商人重利轻别离，前月浮梁买茶去。"据唐朝宰相李吉甫所著《元和郡县图志》记载，浮梁"每岁出茶七百万驮，税十五余万贯"，以《唐会要》记载的全国茶税每年四十万贯估算，浮梁县所纳茶税约占全国茶税的八分之三。

除了产茶，浮梁县"水土宜陶"，唐时县域内陶瓷器烧造已达一定水平，不少地区曾有大量五代、宋、元的古窑址被发现。景德镇原本只是浮梁县的一个水运码头和陶瓷器集散地，不少窑主、商人、小手工业者来景德镇就地烧造、就地销售，推动了景德镇瓷业的发展，从而受到宋朝统治者的重视而形成建制，至南宋时"天下咸称景德镇瓷器"。

茶叶，加上景德镇为首的地区所出产的瓷器，让浮梁县有了可观的收入。因为丰厚的税赋，浮梁知县在不同朝代多次被钦赐五品，高于明清时期一般知县的七品官衔。直到 20 世纪，随着经济优势向景德镇倾斜，浮梁县变"小"了。

民国时期，战争频繁，浮梁县经济遭到严重破坏，茶田抛荒甚多。1949 年新中国成立后，景德镇从浮梁县内析出单独建市，陶瓷工业全部划归景德镇市，浮梁县内仅有私营手工业工坊和瓷石矿开采、瓷土生产手工工场等产业，让浮梁县在工业发展上处于弱势。1953 年，景德镇上升为省辖市，第一次在行政区划上高于浮梁县。1960 年，浮梁县甚至建制撤销，行政区域由景德镇市直辖。直到改革开放后实行经济改革，浮梁县工农业产值取得明显增长，才在 1988 年经国务院批准复县，此后一直由景德镇市辖浮梁县。

text
/
顾芃

大地艺术节如何在中国乡村落地?

text
/
董思哲
赵慧
邢梦妮

photo
/
异想社
Ikeda Junya
瀚和文化
刘新征
人像图书馆

2021 年秋天，城里的年轻人在社交网络刷屏了一个新去处：江西省景德镇市浮梁县。过去几年从艺术圈和旅游圈“出圈”的日本大地艺术节，以“艺术在浮梁”的形态在中国再次呈现。

越后妻有大地艺术节是日本最受关注的艺术节之一，几百个艺术作品会分散在新潟县越后妻有地区 760 平方公里的山野之间。这个范围比上海外环线内的城区面积还要大，游客们需要克服农村地区不发达的交通条件，在不同村落之间穿梭观展。

即便交通方式看起来有点低效，大地艺术节的发起人、策展人北川富朗仍然认为，艺术节的形态可以让游客们更多地接触这片老龄化严重的农村地区，从而为当地带来人气与经济收益。从 2000 年至今，越后妻有大地艺术

艺术家向阳为"艺术在浮梁"创作的作品《进化中的尘埃——史子园村的记忆》，他采集景德镇以及史子园村过去和现在的图像资料，将各种形象刻在一个老屋层层刷漆的墙面上，刻墙时散落的碎屑和漆皮被收集到透明袋里。这是一个颇受寒溪村村民欢迎的作品，村民们会说，"墙上的这个人就是我"（1—4）。

1 2 3 4

节共举办过 7 届，吸引超过 200 万人来访。

孙倩看到了这类艺术节项目与中国的关联性，她是做艺术经纪、艺术类活动的瀚和文化的创始人。2015 年，她第一次前往越后妻有大地艺术节观展，就萌生了把中国艺术家带到越后妻有的想法。当时，她已在中国艺术经纪行业积累了十几年的经验，握有不少艺术家资源。

在北川富朗的方法论里，艺术品必须和所在地有很强的关联，应该是"只有在这个地方才能做的东西"，这意味着艺术家需要驻扎在当地创作。2016 年，孙倩开始向北川富朗推荐中国艺术家，她把徐冰、马岩松等颇受关注的艺术家或建筑师推荐到越后妻有地区去创作，并在当地的十日町市租了一个老房子，作为中国艺术家长期居住、创作和展出的基地。在合作过程中，

在这场从艺术视角挖掘文化关联度、发展旅游产业的乡村振兴试验中，每一个参与者都在寻找机会与经验。这个项目在中国的实践，从浮梁开始。

孙倩和她的团队获得了北川富朗的信任，双方也有了把大地艺术节引进中国的念头。

要说服中国的县乡地区接受这种艺术合作概念并不容易。2016 年开始的两年里，孙倩邀请北川富朗来了十几次中国，做各种形式的演讲、报告、分享会，为引进艺术振兴乡村的模式作铺垫。他们跑了 30 多个县城，一面宣传，一面考察选址，也收到了一些地方政府希望举办大地艺术节的意愿。

北川富朗对这种铺垫活动并不陌生。2000 年第一届越后妻有大地艺术节开幕前，为了让当地村民理解和支持这个项目，他就已经花了 4 年时间，开了超过 2000 次协调会。而在中国，获得地方政府的支持，同样是推进一个大型项目落地的前期步骤。

如果没有疫情，大地艺术节本该在杭州市下辖的桐庐县落地。2018 年的第一届中国国际进口博览会上，瀚和文化作为日本大地艺术节官方授权的中国合作方，同北川富朗与桐庐县政府签订了一个跨度 17 年的落地协议。按照计划，艺术节会在两年后的 2020 年秋季开幕，以三年展的频次，共举办 5 届。

桐庐县面积超过 1800 平方公里，相当于两个半越后妻有地区，下辖上百个村庄。要做这么大范围的艺术节，瀚和文化的团队需要对上百个村子作调研，了解它们的自然、交通、历史、人文情况，整理成资料，以便未来艺术家在此基础上发挥创意、加以创作。筹备期间，担任策展人的北川富朗已经到

1 2

大地艺术节的发起人、策展人北川富朗（1），瀚和文化创始人、“艺术在浮梁”总策展孙倩（2）。

访桐庐8次。然而因疫情暴发，北川富朗与海外艺术家无法来华，桐庐项目在 2020 年被迫暂停。

就在此时，景德镇获得了一个机会。2019 年，国务院正式将景德镇市部署为国家陶瓷文化传承创新试验区，它需要引进海外资源和创新模式。而大地艺术节在中国的落地计划与合约没有排他性。2020 年 7 月，时任景德镇市委书记的钟志生从朋友口中听说了大地艺术节希望落地中国的消息，就迅速向瀚和文化发出了邀请。

景德镇早已不只是个镇子。从景德镇市到瑶里古镇景区的江西省道“景瑶线”，是景德镇市开发旅游的重点线路，这条线大部分落在景德镇市下辖的浮梁县内。自古以来，浮梁以茶叶种植为重要产业，白居易还在《琵琶行》里提过一句“前月浮梁买茶去”。而在 2018 年中共中央、国务院颁布《国家乡村振兴战略规划（2018 — 2022 年）》之后，乡村振兴也成为浮梁县政府近年的工作重点，新的支柱产业之一就是旅游。

景德镇方面让“快速”这个关键词贯彻了整个项目的沟通过程。他们计划签一个单次活动的合约，让艺术节在 2021 年 5 月开幕，以呼应要在当月举办的江西省旅游发展大会——江西省旅游产业方面最重要的会议，一年一届，由省内不同城市轮流举办，2021 年的承办城市是景德镇市。

瀚和文化副总经理贺岁华对景德镇的执行速度印象深刻。他回忆说，有一

异想社

刘新征

瀚和文化和寒溪村合办的“拾八方”在游客中心里销售周边产品(1)。游客中心与艺术家作品的点位选择以村里空置的老屋为主，搭配了几处没有耕种的户外场地。图为“艺术在浮梁”项目的游客中心。在外观上，意大利新媒体艺术家保拉·皮维创作了高达 20 米的作品《梯》(2)。摄影艺术厂牌“人像图书馆”的作品《茶田守望者》，把许多张人像摄影作品排列在茶田中，为了不破坏茶树的生长，创作者尽可能减少了挂画布的架子插入茶田的长度(3)。

2
1
3

次，上午和当时的浮梁县委书记胡春平聊完，下午就去参观了四个乡的十来个村庄。贺岁华从 2016 年开始参与大地艺术节中国项目选址，和不少地区政府打过交道。

收到邀约 5 个月后，2020 年 12 月，瀚和文化和浮梁县政府签约。受制于疫情，北川富朗担任项目顾问，瀚和文化负责策展。

问题是，无论相比第一届越后妻有大地艺术节4年多的准备期，还是之前桐庐项目的 3 年，5 个月的准备时间都太短了。这意味着在前期调研、艺术家创作以及作品落地上，留给项目团队的时间都不多。

保证时间，意味着压缩规模。瀚和文化提出，先在一个村的范围里做一次小规模的“大地艺术节”，展期定在 2021 年 5 月 1 日到 6 月 1 日(以下简称为“春季展期”)。因规模较小，他们给这个项目命名时没有沿用“大地艺术节”的名称，而是定名为“艺术在浮梁”。

孙倩和她的团队最终选择了浮梁县下辖臧湾乡的寒溪村。这个村子正位于景德镇市大力开发旅游的“景瑶线”上，面积不到越后妻有地区的四十分之一。寒溪村是一个行政村，下辖 11 个自然村，其中的史子园村民小组所辖范围在 2019 年刚完成整治改造，整洁程度和村内路面质量在周边几个村中都是最好的，因此被选为艺术节的核心区域。

它也有一个适合艺术创作、传播的历史故事。和周边许多有上百年历史的江西古村不同，寒溪村是一个只有 60 年历史的移民村，因 20 世纪 60 年代淳安修建新安江水库——也就是现在的千岛湖，大批居民被分配迁移至此。来自浙江的移民组成了史子园村民小组。寒溪村多丘陵少平地，史子园的村民在此修建房屋，开垦田地，种植茶树、水稻，需要比那些居住环境更好的本地居民付出更多努力。

在春季展期的 22 件艺术作品中，好几位艺术家从这个故事中汲取了创作灵感，融入他们在这个艺术节落地的作品里。一件颇受村民欢迎的作品是一座靠近村口的老房子。这座两室的小屋用鹅卵石混合红砖搭成，这么做并不是出于审美，而是盖房的人当时买不起砖。屋主王泉有的父亲 20 世纪 60 年代从淳安移居而来，慢慢盖起了这座守鱼塘的小屋，晚年时光也是在这个小屋里度过的。

艺术家向阳对这座小屋做了改造。他在屋内的墙壁上刷了 16 层漆，其中7层是不同颜色的，其他是灰与白。以刻刀作画时，墙面可以显现出对应漆层的颜色。2021 年春节后，他在屋子里住了 38 天，在墙面上刻画村里的村民、劳作场景、狗、鸡、牛……屋子本身成了艺术作品。如果你遇到作品里刻画过的村民本人，他可能会兴奋地告诉你，“墙上的这个人就是我”。

在艺术家的选择标准上，瀚和文化也有颇为现实的考量。“它其实不是艺术家的主场，而是命题作文，要求艺术家认同艺术节的理念。”因为准备时间只有不到 5 个月，孙倩

©人像图书馆

必须考量邀请艺术家的沟通成本，“我会优先选择我熟悉的，能够驾驭在乡村创作的艺术家”。

她既要考虑艺术家的号召力与吸引力，也要考虑艺术家的创作类型、年龄、资历，所以，你可以在艺术家名单中看到一直颇受公众关注的建筑师马岩松，还有已经“出圈”的艺术家向阳、邬建安、刘建华……他们有一个共同点：都经孙倩的推荐参加过越后妻有大地艺术节。另外，参展名单上也有不少年轻新锐艺术家。

在浮梁项目中，顾问北川富朗主要负责推荐国外艺术家。但是受疫情限制，国外艺术家只能远程连线创作，所以数量不多。

与在城市里的美术馆策展不同，深入田间的作品常常面临一个质疑：它是否影响了当地人的正常农作与生活。浮梁项目中，选择作品落地“点位”在时间上的优先级甚至排在了选择艺术家之前。策展团队挑选出的创作点位，需经村政府和村民沟通，获得许可后再租用，“原则是不影响村民的生产生活”，孙倩说。最终确定的点位以村里空置的老屋为主，搭配了几处没有耕种的户外场地。一间老屋用于设置游客中心，其他场地则交由艺术家创作作品。

孙倩试图让这个项目跟村庄产生更深的关联。在春季展期筹备期间，瀚和文化和寒溪村合办了一家轻资产公司，做了一个衍生品品牌“拾八方”，名字取自寒溪村的面积——18 平方公里。“拾八方”开发了帆布袋、T 恤等文创产品，也推出了寒溪村生产、统一包装的茶叶和米酒。这些产品都放在寒溪村游客中心里的周边商店销售。

在春季展期，瀚和文化找了不少媒体参与宣发传播，加上“五一”假期，按照瀚和文化公布的数据，截至春季展期结束，共有大约 3 万人因“艺术在浮梁”拜访了寒溪村。

秋季展期前，志愿者在接受培训。

© 异想社

随着传播效应不断扩散，瀚和文化陆续收到各种采访申请。寒溪村方面也想让这个项目继续做下去——它目前是江西省内评定的 4A 级乡村旅游点，为了发展旅游产业吸引游客，村里学习婺源的旅游模式，在村口新种了一片油菜花地。据《江西日报》报道，疫情之前，婺源在 2019 年接待游客近 150 万人次。

在春季展期结束之后，瀚和文化在寒溪村延续了两个月的项目日常运营，留存一部分工作人员继续带游客参观艺术作品。与此同时，孙倩也提了个新想法：要不要再做一次秋季展期？

日本的濑户内国际艺术祭就采用了三年一展，展出当年分为春、夏、秋三个季节展期的做法。以日本越后妻有大地艺术节的方法论来看，它也是以三年展为周期，除了每次 7 周左右的艺术节展期，非展期也会继续维护艺术作品，展开各种参观导览与文化体验活动。

合作关系也许可以长期维持，但仅就合约来看，瀚和文化和浮梁县的第一个项目只到春季展期就结束了。浮梁县为这次项目划拨了千万元级别的经费，孙倩表示，这笔资金主要用于艺术节筹备与落地。想要再延伸一个秋季展期，她必须再去推进一轮合作。

“好多事，其实可能都是从一个特别小的愿望开始，慢慢一个一个实现的。”孙倩说。她和北川富朗讨论过艺术节的运营问题。北川富朗最早做越后妻有大地艺术节，也是从接受当地政府拨款援助开始做起的，随着门票收入的增加，又逐渐有了企业赞助和捐赠等收入来源。“我们观察过它前几届的投入收入成分的演变。”孙倩最终得出结论，北川富朗团队做大地艺术节并不赚钱，只是“基本收支平衡”“有时还要往里贴一点”，他的营收主要来自画廊、艺术经纪等领域。

孙倩的路径其实与北川富朗类似，她在做艺术节项目的同时，也在做艺术经纪。但她也意识到，与基础设施建设陷入停滞的日本不同，在中国，有可能通过艺术项目带动更多机会，“通过艺术项目引流以后，它可能会转换成很多商机，我们会跟地方政府一起长期运营，让它带动地方经济发展。我们也会从中受益”。但这其中也存在风险，她在桐庐投入了 3 年，结果遇上了疫情，加上政府换届，桐庐项目未能继续。

时任浮梁县委书记的程新宇在评估春季展期的效果后，同意了“艺术在浮梁”的秋季方案，展期定在 2021 年 10 月 15 日至 11 月 15 日。孙倩没有透露这次项目的投入金额。

瀚和文化在春季展品的基础上做了一些充实与升级，还增加了 5 个新的艺术作品。这一次，这家公司开始进一步考虑可能影响客流的因素，比如交通。要让游客愿意踏入这个离景德镇市中心 30 多公里的小山村，交通问题亟待解决。平时人们从景德镇市里来寒溪村几乎只能自驾或打车，因为还没有直达村口的公交或接驳巴士。艺术节秋季展期期间，项目团队开通了工作日一天两班、周末一天三班的接驳巴士，在景德镇市区的凯悦酒店和寒溪村之间接送游客。

这家凯悦酒店是“艺术在浮梁”项目秋季展期的推荐住宿酒店，展期内游客持门票入住可享折扣。当时村里没有酒店或正规民宿，建议游客住在景德镇市区是项目团队的临时解决方案。

瀚和文化在秋季展期意识到了小红书这类平台的传播功用。春季展期时，有些游客拜访之后在社交网络发文，直接推动了一些临近的散客到访。秋季展期开展前，除了邀请媒体报道，项目团队还特意邀请了几位小红书的 KOL（关键意见领袖）。

在南昌读大学的杨萌在秋季展期开幕的第一天来到了寒溪村。她在景德镇秋游时，在小红书上刷到了“艺术在浮梁”官方的推荐帖，对这个在田间“寻宝一样”的艺术节产生了兴趣。此前，她根本没有听说过这个“茶乡”。因为不知道有接驳巴士，所以她坐了 40 多分钟的公交车，又走了半小时才到达寒溪村，“我觉得活动期间还是开几条专线会比较方便”。

Ⓟ 刘新征

1 2

粮仓中的摄影和画展《我·家·乡》以寒溪村村民的移民故事为蓝本，由 3 位来自不同领域的艺术家创作：作家倪倪创作了纪录片《我·家·乡》，摄影师霍城拍摄了村民的特写，插画师于瑒以这些肖像为原型创作了插画（1）。

插画师 TANGO 将王泉有的老屋改造成了“泉有米酒馆”。室内呈现出小酒馆的桌椅摆放样貌，结合漫画展示，让参观者休息、阅读（2）。

2021 年 12 月的一次公开演讲中，孙倩公布了“艺术在浮梁”项目在吸引客流上的成果：春秋两季总计 64 天展期，加上日常运营，不到半年的时间里，寒溪村大约吸引了 5 万名游客。

这也许是一个开端。人们会更愿意看到对标日本越后妻有大地艺术节呈现的那个未来。根据官方公布的数据，越后妻有大地艺术节 2018 年吸引了约 54 万名游客，为新潟县各产业带来大约价值 65 亿日元（约合

© 刘新征

3.35 亿元人民币）的经济效益。

如果从营收成果来看，孙倩说，“艺术在浮梁”项目本身“不赚钱”。春秋两期各档票价不同，除了预售票，单人票价在 100 至 150 元之间，若购买双人票，单人均价可以降至约 75 折。除此以外，周边销售收入也不显著。这些收入被用于填补项目的日常运营支出。政府拨款收入则用于艺术家邀请、作品搭建与落地、租房、传播等项目支出。

在这场从艺术视角挖掘文化关联度、发展旅游产业的乡村振兴试验中，每一个参与者都在寻找机会与经验。孙倩想把“艺术在浮梁”项目在寒溪村持续做下去，那也意味着，她需要提出对村庄、对浮梁县更有吸引力及经济发展价值的策略。

2022 年，瀚和文化计划尝试调动寒溪村村民积极性，推动建立农村合作社，把一些民宅改造成民宿，并引入专业管理公司运营。另一方面，孙倩建议县政府引进、兴建一些高端民宿。

现阶段看来，“艺术在浮梁”项目在寒溪村的面积较小，一天就可以逛完，住宿并不是游客的刚需。但在秋季展期，包括马岩松的《大地之灯》在内的 8 件艺术作品会搭配夜间灯光展出，有游客反馈希望村子能提供民宿服务。孙倩听说，秋季展期有晚间滞留的游客自己找了村民家留宿。截至 2023 年 7 月，寒溪村大约有两三户村民在做民宿。

这种由内容带动的需求并非没有先例。以“合掌造”样式古民居群闻名的日本长野县白川乡，景区规模不大，一天可以逛完，但每年会于冬天雪季选择 6 天推出傍晚点灯活动。因为公共交通都会在点灯活动前停运，想看点灯、又要借助公共交通旅行的游客会选择在当地住宿消费。

但民宿很容易陷入投资发展泡沫，中国民宿发展的前沿莫干山就已遭遇同质化竞争问题。即便是越后妻有大地艺术节这样规模更大的艺术节，官方也只提供了 3 个旧屋改造的民宿设施，其中最有名的一间“光之馆”是美国当代艺术家詹姆斯·特瑞尔（James Turrell）的作品，还有 5 个民宿设施会根据具体情况不定期营业，其余个人住宿设施，归属各地村庄主管。

首届“艺术在浮梁”的秋季项目中，孙倩让团队将各种难题记录下来，以便总结经验。她发现，在乡村处理村民沟通问题时，本地志愿者会起到重要的“沟通润滑剂”作用。在春季项目中，瀚和文化曾招募在景德镇学艺术的学生当志愿者，但遇到其他活动冲突时，志愿者会因临时征调而流失。后来在村子里招募的志愿者大部分是女性，在认可事业价值后也产生了自豪感，到秋季时，很多志愿者都是曾参与过项目的人。

瀚和文化与寒溪村共建的“拾八方”雇用了两个当地村民。他们曾是春季展期的志愿者，春季展期结束后，以全职员工身份加入了拾八方公司。其中一人名叫臧聪，他更喜欢这个机动讲解的新工作，“比打工有意思多了，离家又近，每天接触不同的人，我感觉挺开心的”。

“艺术在浮梁”对村里产品销售的带动效果，目前看来还很有限。为艺术家向阳提供老屋的王泉有酿了 20 多年的米酒，他把另一间空屋提供给插画师 TANGO，后者将它改造成了“泉有米酒馆”。经过瀚和文化重新设计包装的米酒还会放在“拾八方”店内销售。

虽然米酒的知名度上升了，但王泉有透露，销量提升不大，因为来的游客以外地人为主，现场买酒不好带回，加上快递费贵，复购率并不高。想让经济发展最终落到村子上，各个环节都需要商业配套运营与管理。

2021 年“艺术在浮梁”项目结束后，瀚和文化在寒溪村固定了一个 6 到 7 人的团队，雇佣的大都是当地年轻人，在游客中心负责日常接待，还经营咖啡和文创生意。

2022 年 11 月开幕的广东南海大地艺术节是瀚和文化运营的第二个项目，也最符合他们对大地艺术节的标准——在地性、长期性、全域性。南海大地艺术节吸取了浮梁经验，与佛山市南海区政府按次签订合约，主办集中展期；在非集中展期的日常运营阶段，则背靠本地运营团队，将日常展期分为春夏秋冬四季，确保全年都能接待游客。

在瀚和文化的计划中，“艺术在浮梁”和南海大地艺术节就像双年展一样，主办方每两年与政府签约合作，策划一次集中展期，其余时间维持日常运营。2023 年下半年，第二届“艺术在浮梁”会回归寒溪村。2024 年，佛山也会迎来第二届南海大地艺术节。

孙倩和她的团队都期望能让大地艺术节“活得更久”，能把手上的项目做下去，但这面临很多挑战。比如说，“大地艺术节”在中国无法注册专利或者商标，因为本质上这是一个高度概念化的活动，任何在乡村做艺术活动的都可以自称是“大地艺术”，这意味着，他们会遇上很多潜在的竞争对手。北川富朗目前仍然是瀚和文化的项目顾问，帮助这个团队在中国落地更多的大地艺术节相关项目。另一方面，大地艺术节是依托于政府的项目，由于政府几年就要换届，地区开发的侧重点可能有所不同，因此很多计划必须随之调整。

大地艺术节可能确实改变了寒溪村。2023 年“五一”期间，寒溪村每天都会接待 2000 多人。一名村民是志愿者，她在庆功派对上说：“我人生中从来没见过这么多人，绿头发、红头发的，从来没见过……以前我想去看看外面的世界，现在我发现世界自己来找我了。”

（应采访对象要求，文中杨萌为化名）

text
/
顾芃

photo
/
Fabian Ong
潘凌

浪吧，去浮梁县

浮梁县常被人们选择的三处目的地——“瑶里古镇—寒溪村—瓷宫”——位于一条线上，适合安排在一天观览，推荐给对自然景观、设计感兴趣的游客。因瑶里古镇平均观览时间较长，且用餐较为便利，因此推荐观览顺序为瑶里古镇—寒溪村—瓷宫，可以上午出发，在瑶里古镇用午餐后前往寒溪村和瓷宫。

另外，如想了解浮梁县的历史，非常推荐观览浮梁古县衙；如对建筑设计和柴窑感兴趣，推荐观览丙丁柴窑。但路线略绕，相对比较耗时，需要计划好时间。

© Fabian Ong

1 瑶里古镇

瑶里古镇位于江西、安徽两省交界处，始建于西汉末年，是连接徽州、饶州的重要商业集镇。瑶河贯穿全境，水运便捷。因气温适宜，雨水充足，适合种植茶叶。那里出产的釉果，是元代以后景德镇制瓷业不可或缺的原料。

目前古镇建筑依然大部分得到保留，当地居民以瑶河为界，在两侧面河而居。早期瑶里居民大多迁自安徽休宁、祁门和江西婺源等徽商的经商之地，因此瑶里在文化上颇受徽商的发源地——古徽州的影响。古镇内现存200余栋明清古建筑，带有浓厚的赣东北地方风格，亦有徽式建筑的痕迹，适合徒步漫行，慢慢探索。20世纪70年代，革命电影《闪闪的红星》曾经在浮梁县取景，瑶里古镇是主要取景地之一。

潘凌

门票：进入古镇免费，景点如狮岗胜览、程氏宗祠、陈毅故居等需购买门票，总价 30 元。

潘凌

潘凌

© Fabian Ong

2 寒溪村

浮梁县寒溪村史子园，一座茶山包围的小村落。这里是“大地艺术节中国”落地浮梁后，“艺术在浮梁”项目的起点。在村里转转，很可能偶遇村民养的鸡或啃茶叶的狗。建筑师马岩松设计的“大地之灯”作为“艺术在浮梁”的标志性艺术装置，矗立于茶田之上。

史子园比较特别的一点是，这是一个纯移民村，初代村民来自浙江。20 世纪 60 年代，因修建新安江水库，浙江省杭州市淳安县威坪镇的 70 余位村民迁移到史子园，将荒山改造成了茶园。至今，村子里的人说浙江与江西本地的两种方言。

虽然“艺术在浮梁 2021”展览已结束，不少艺术装置具有时效性，已经撤出，但留下的常设艺术装置结合了本地村民的故事，也值得一看。

门票：自主参观室外艺术装置不收费，观看室内艺术装置需要购买门票，附带导览，正价 88 元人民币，针对学生的优惠票为 60 元，可以在官方小程序“大地艺术节 Artfield”提前购买或当场购买。

© 潘凌

3 瓷宫

瓷宫由景德镇老人余二妹所建，位于浮梁县新平村的新平马路边上。远远地，就能看见镶嵌着各色瓷器、瓷板画的外墙——建造瓷宫所用的瓷器和瓷片，都是余二妹的收藏。2009 年，余二妹受到天津"瓷房子"的启发，决定建一幢属于景德镇的"瓷房子"。2016 年第一座瓷宫正式开放，截至 2023 年 5 月末已有四座瓷宫，其中两座对外开放。

余二妹 12 岁便在舅舅的陶瓷作坊里学艺，后进入瓷厂工作。改革开放后，她自己经营柴窑和陶瓷厂，收藏了无数出自厂内的作品。在这里，能看到景德镇民间陶瓷艺术的荟萃。

© 潘凌

门票: 25 元

开放时间: 全年 8:00—17:00

© Fabian Ong

门票: 30 元

开放时间: 周二闭馆。有时会临时宣布闭馆，可关注官方小红书账号@丙丁窑火 发布的通知。

© Fabian Ong

4 丙丁柴窑

丙丁柴窑位于浮梁县前程村，距景德镇市区约一小时车程，四面环山，环境清幽。这是一个私人所有的现代柴窑，于 2019 年建成，用时两年多。外部的窑房由建筑师张雷设计，内部的窑炉则是由业主余先生与其师傅砌成。

柴窑是以松木作为燃料烧制瓷器的窑，烧出的瓷器不如现代的气窑精准，却具有不确定的美。丙丁柴窑两侧走廊上展出的瓷器皆为柴窑所烧，会由主人更换，分为两类，一是有痕柴烧，一是无痕柴烧。有痕柴烧即落灰在燃烧的过程中形成釉面，釉面流动留下形状，就像火的痕迹。无痕柴烧则要求不留痕迹，难度要高得多。

屋顶正中的轴线上开了一条细细的窗，随着太阳移动，建筑物内部的光带也在不断变化，可以看到光在建筑物和瓷器的表面流动。

© Fabian Ong

© Fabian Ong

5 浮梁古县衙

浮梁古县衙是江南唯一保存较完整的清代县衙，也是全国仅存的几处古县衙之一。

门票：线上提前购票 40 元，现场购票 45 元。每天 10:00 和 14:00 有免费“县官升堂”表演。

浮梁古县衙建于清朝康熙四年（1665），原占地 6.4 万余平方米，房屋 300 余间，规模比一般的县衙大得多。近代以来经过修复，现存古县衙占地 2356.97 平方米，主体是头门、仪门、衙院、正堂、二堂、三堂，六个同一轴线上的建筑。

除了古建筑，县署内的楹联和碑刻体现了帝制社会官僚体系的运行规则，值得细读。

头门，即县署大门，两侧立有“诬告加三等”“越讼杖五十”两块碑刻，这是因为左面有“喊冤鼓”，为击鼓鸣冤之地。仪门分为中门、东门和西门三道门，其中，中门只供知县和上级官员通过；东门供一般人员通行；西门即“死门”“鬼门”，是死囚出入的门。

© Fabian Ong

衙院有一座石坊名为“天语亭”，其上书有“尔禄尔俸，民脂民膏，下民易虐，上天难欺”，是皇帝在警告臣子，与正堂内“明镜高悬”巨匾相对。而正堂，也正是知县接受圣旨的地方，是县衙最重要的场所。

出行指南

我们为大家规划了公共交通与包车两种游览路线。推荐景点中，丙丁柴窑无公共交通可达，需要驾车前往，因此未列入公共交通路线。

PUBLIC TRANSPORT

公共交通

第一天：瑶里古镇－寒溪村－瓷宫

Step 1
从浮梁县汽车站或景德镇西客运站去瑶里古镇

❶ 从浮梁县汽车站出发

务必计划好时间。当地人也会乘坐这班车去鹅湖镇，想要座位得提前一点到。从浮梁县汽车站开往瑶里的公交车每小时一班，首班车早上 7 点 10 分发车，沿途可经过瓷宫、寒溪村、瑶里。公交不报站，无人下车则不停靠。如在非终点站的站点下车，需要上车时跟司机打好招呼。抵达瑶里车费 6 元，用时约 1 小时。

❷ 从景德镇西客运站（即景德镇汽车站）出发

去时可在携程平台或车站现场购票，票价 10 元。班次相对较少，具体时刻表可以在携程上查询。注意准备一些现金，回程时可能无法电子支付。

Step 2
从瑶里古镇去寒溪村—瓷宫

回瑶里游客中心等车。瑶里—浮梁县汽车站或瑶里—景德镇西客运站的公交车都可达寒溪村和瓷宫，前者班次更多，中午 12 点到下午 5 点每整点发车。上车时告诉司机要在寒溪村下车，从瑶里到寒溪村车费 4 元，用时约 30 分钟。下车后跟随路标，步行 10 分钟抵达“艺术在浮梁”展区。观览结束后回原下车点等车，须招手示意司机停车。去瓷宫同理。

Step 3
从瓷宫回程

末班车于下午 5 点从瑶里古镇发车，注意不要错过。

第二天：浮梁古县衙

从景德镇市区去古县衙可乘坐 39 路公交车，在浮梁县古衙门站下车即可。票价 2 元，约 20 分钟一趟，在交通 App 上可以查询。

PRIVATE TRANSPORT

非公共交通

❶ 私家车或租车出行是最方便的路径规划形式

这里为大家推荐两条路线，可以尽量避免绕路。如果想去丙丁柴窑，建议在白天光线充足时拜访，推荐顺序为丙丁柴窑—寒溪村—瑶里古镇—瓷宫。如果想去浮梁古县衙，可以按照古县衙—寒溪村—瑶里古镇—瓷宫的顺序。你也可以自由增删拜访目的地，规划出自己感兴趣的行程。

❷ 包车往返

从景德镇市区打车去浮梁县的主要景点较便捷，去瑶里古镇约 150 元，但回程由于当地车辆没有景德镇市区密集，常常要看运气。推荐在小红书等社交平台提前联系包车师傅，或打车去浮梁县时与司机协商是否愿意包车。包车价格约 300 元一天。节假日价格可能有一定上浮。路线规划可参照 ❶ 。

#辣

忘不了，景德镇火烧火燎的胃。

© 肖南

江西之“辣”

除了湖南、四川，江西也是一个隐藏的吃辣大省。吃饭可以没有米饭，但不能没有辣椒——这是江西人对辣椒的最高敬畏。

辣椒原产于美洲，在 16 世纪下半叶远渡重洋抵达中国。起初作为观赏植物，后来也曾药用。要论食辣史，江西人在清朝嘉庆年间就已经开始种植食用辣椒了，“滇、黔、湘、赣、蜀人嗜辛辣品”，这是可视作清末“吃货宝典”的《清稗类钞》对中国吃辣人群的总结。

江西辣文化的形成与其地理位置有着密切联系。江西地处中国东南部长江中下游南岸，属于华东地区，中间丘陵起伏，湿度也挺高——冬天湿冷，春天常返潮，辣椒就成为帮助人们打开食欲的好手段。

不过，让江西能如此迅速且彻底地接受辣椒，以至于“食辣、嗜辣”成为江西人标签的，最初还是迫于生存压力。清朝中后期人口激增，土地被更多分配给了红薯、玉米等高产经济作物；再加上盐井分布不均和高昂的运输成本，导致内陆地区长期缺盐，为了生存，人们不得不以其他调味方式“代盐”，取代品之一便是辣椒。相对于盐，辣椒调味功能更显著，且用地少、产量高，自然成为农民青睐的调味副食。因此，辣椒凭借其自身特性，受到江西人的喜欢，逐渐演化出了独特的江西辣文化。

有别于川菜的麻辣和湘菜的香辣，江西菜之辣，鲜辣结合，浓烈直接。川菜通常用红油来调味，当你品尝火锅和串串时，吃起来最大的感受是麻而不是辣，辣味入口即散。湘菜以辛辣食物和腊肉为特色，注重咸香酸辣的调味，重油重色。辣椒在江西，不只是调料，它更是菜品的主料，最有名的当属余干辣椒炒肉，选用上饶市余干县当地特产辣椒——枫树辣，味香、辛辣，吃后略带点甜，所谓"辣嘴不辣心，皮薄肉厚"，说的就是余干的枫树辣。抚州的辣椒饼，还实现了对"辣宇宙"的延伸，把辣椒融入了日常零食。辣椒饼、辣椒粑都是辣椒做成的小吃。

对江西人而言，辣，早已是一种常态。景德镇的菜色重油浓，却依然保持了江西菜"辣得纯粹"的本质。在景德镇，辣是标配，无论是炒菜、拌菜还是煮菜，总会放一点辣椒进去。除了下锅炒菜外，辣椒还可以跟糯米、糖、盐等混合蒸熟、晾干，制成像牛肉干一样的辣椒粑，它的辣度更加鲜明，抓上几块，直接干嚼着吃，越嚼越香，火辣味直往喉咙里窜也停不下来。也许是因为过量的辣椒彻底丰富了江西人的味蕾，江西人对各类美食的味道，都有着很强的包容度。总之，盐放多放少不重要——只要辣管够，啥都能接受。

text
/
唐昕怡

photo
/
肖南

欧记大排档

text
/
唐昕怡

photo
/
肖南
Fabian Ong

几张支在店外的小桌子，几打摞起来的塑料凳，高温爆炒的火花从锅底窜进锅里，几秒钟就炝出灵魂“锅气”……有什么事不能在大排档说说呢！在这里，食客们抹去了身份，他们挤在小凳上，等待美味光临。

欧记大排档正是这样一个存在。它永远躺在社交网络推荐的“景德镇的美食攻略”里，带着一点不太会出错的自信，让他们完成一个“人人都会去的餐厅”的成就，同时也收获着食客们的信任与——钱包。

欧记大排档的老板江志（1）回忆说，蟹脚（2）、鸡脚（3）、煎包（4）、冷粉（5）这四道菜让欧记的生意越来越好。当然，也可以选沙拉基围虾（6）和桂香豆花（7）为你解辣。

一个愿意呼朋唤友排队等位的排档，承载着人们对一座城市里美食与情份的最佳记忆。

欧记每天从下午 5 点营业到凌晨 3 点，天刚刚黑下来，店内就会源源不断地进人，哪怕到晚上 11 点，还有不愿放弃吃一口的人排在外头。

它谈不上是一家多老的店。2015 年，一个叫江志的本地年轻人在景德镇第六小学附近张罗了一个夜宵铺子，店只有 30 平方米左右，里头支了 5 张桌子。他给这家店起名叫"欧记"。

1/© 尚南 2-7/© Fabian Ong

江志家里并没有什么做餐饮的行业基础，他只是想创业试试看。起初只做普通的家常菜，偶然在菜场听一个老板聊到蟹脚在其他餐厅卖得不错，他立刻在自家菜单加了一道菜——香辣蟹脚。现在这道菜仍然在欧记的菜单上。"蟹脚、鸡脚、煎包、冷粉这四道菜，为我们打开了欧记的局面。"江志说。

由于生意越来越好，江志决定扩大店面，2017 年 7 月，欧记大排档搬到了餐饮激战街——浙江路，5 年后，又在相距 15 米的地方开了一家，名字也叫欧记。原本第二家店只是临时被江志盘下来做首店装修过渡的餐厅，但他发现来的人也不少，于是两家店开始同时营业。2023 年 6 月，位于凤凰城的第三家店也开张了。

欧记的菜大多即点即做，量多又平价，用简单的炊具，还原真实的锅气。菜当然还是符合景德镇的味觉特征——辣。易脱骨、入口软糯酥辣的王牌鸡脚是好辣食客的必点菜，最多的时候一天可卖出 500 多份。主食则有煎包、冷粉、炒粑等。总之，欧记拥有一套符合本地人口味习惯的菜单。有了名气就会众口难调，如今，他在蟹脚、小黄鱼、跳跳蛙等特色菜上增加了"辣"与"不辣"两个选项供人选择。但江志并不想让欧记做只有鸡脚、冷粉的景德镇传统夜宵，他更想推出更多类似沙拉基围虾这种可以和辣形成味觉碰撞的菜品。

老板推荐

1

香辣蟹脚

有麻辣回甜之味，再加上蒜蓉的蒜香，是下酒菜必选。

2

秘制小黄鱼

小黄鱼很脆，厨师把鱼身炸得稍稍鼓起，再加上辣椒汁，外焦里嫩，味道鲜香回甜。

3

王牌鸡脚

鸡脚软糯细腻，口感软烂中又带着筋道，有嚼劲。

text
/
程绚

photo
/
肖南
一夕

从景德镇
走出去的品牌：一夕

2020 年 10 月，一夕在景德镇三宝设置的户外餐桌“风言风语”（1）。
一夕位于景德镇三宝村入口的综合空间，是一个融合了餐厅、民宿、茶室的禅意小院，既可以接待客人，也是他“链接”客户的一个体验空间（2—4）。

1 2 3 4

人们可能习惯品牌从大城市扩张到中小城市，但“一夕”这个品牌正好相反，它从景德镇走向了全国。

如今在景德镇，一夕旗下的实体店是一个位于景德镇三宝村入口的综合空间。这是个由几栋老房子围起来的临河中式庭院，一楼辟为餐厅。口味以川菜为主，但老板亮子只给食客们两个选择：套餐 A，或者套餐 B。两个套餐食材搭配不同，客单价相差 100 元左右。穿过院子走到二楼，亮子把这里设作民宿空间，三楼则用作招待客人的茶室。

亮子是成都人，这个小院的室内外空间都由他设计。他曾在景德镇陶瓷大学学习雕塑，也曾休学一年探索自然，后来还去了澳门等地尝试做市集。回到景德镇后，为了让朋友们有个聚会聊天的空间，还在读大三的亮子决定在雕塑瓷厂开一家咖啡店。那时候的雕塑瓷厂还只有乐天陶社一家卖咖啡的店。因为亮子爱做饭，所以这里同时也是一家私房菜馆。

但亮子发现，来店里吃饭的人比喝咖啡的更多。2014 年，他重新在陶艺街找了一家更大的店面，请专门的厨师来做菜，开了一家正式的川菜馆。吃饭的人除了朋友以外，还多了不少游客。

1 / Ⓟ 一夕 2—4 / Ⓟ 尚南

©肖南

同时，这家店还展览一些器皿，空间的设计也颇为讲究。这跟亮子正在做的事有关，建筑设计和品牌策划是他开餐厅以外的其他业务。作为一名设计师，亮子还是对这个地方不满意："很多东西我没法从空间营造上去表达太多，我需要一个更大的空间。"

两年后，他带着一夕餐厅搬到了三宝，三宝的店是之前店铺的 3 倍大。做一家具有餐厅、民宿、茶室、办公的综合空间，是他想要在三宝做的新尝试。三宝的一夕餐厅除了做散客生意以外，还接各种团体承包。比起餐厅，这里更像是一个聚会社交的空间。

"这附近没什么店跟我们是一样的。"因为一夕餐厅和景德镇其他餐厅的差异化，让他接触到了更多来自一二线城市的客户。这让亮子的生意有了进一步扩张的可能，他在计划着一件大事。

2015 年，还在做第二家餐厅的时候，亮子就萌发了做一夕餐桌的念头：在户外做餐桌，用美食吸引人们走到自然中去。这个念头来源于他的户外经历，亮子一心想通过设计、艺术把自己看过的山河美景带给大众。

“中国人对艺术和设计没有共识，我们不可能用同一个概念去说服东北人和江南人。”亮子认为，每个地方都有自己的风格和体系，但吃饭是一个很好的共识。通过餐厅的实践，他找到了食物这个媒介来表达自然。

亮子用了三年的时间一直在自然中做实验，打磨一夕餐桌这个产品。2018年的一天，一位熟客找到亮子，让他为自己任职的阿里巴巴公司做一场针对内部高管的 500 人餐会。一夕餐桌终于在浙江丽水的独山村第一次亮相。

之后来找亮子定制一夕餐桌的企业越来越多，融于自然的空间营造、充满艺术感的餐桌布置、符合当地的音乐演出，这些渐渐成为一夕餐桌的必备要素。

每一次的餐桌都由亮子和他的团队一手操办。亮子往往会根据公司当年的战略为客人提供可选择的地方，客人选定其中一个地方后，他会根据自己对自然的感受策划餐桌概念，结合不同的地点和主题去找合适的音乐人。计划落地时，由内部的设计、餐饮、运营等团队来负责执行。除了自己的厨师团队，他偶尔还会邀请明星大厨来合作。

当然，只做定制化产品不是亮子的计划，因为这是一件非常耗时耗力的事，产品标准化是扩张的必经之路。大理和敦煌，是除景德镇外亮子选择深耕的两个城市。他和当地的政府、文旅企业合作，在作文旅策划和景区规划的时候，去落地不同的一夕餐桌。在这个过程中，亮子和团队不断打磨餐桌产品，让部分流程标准化。

大理有大量的天然食材，自然成为一夕餐桌的菜品创作后台，亮子邀请主厨在大理驻留，以创作更多的菜品。一夕餐桌的常用音乐风格是世界音乐*和电子音乐，亮子发现大量世界音乐的音乐人都生活在大理，所以那里也成了餐桌的音乐人资源库。

选择敦煌则是因为这里有浓郁的中国特色，亮子认为，这里能成为一夕餐桌文化艺术的创作后台。“在敦煌，我可以表达任何观点。这里是 20 年前的景德镇，它有 100 倍的价值还没有被挖掘。”亮子想在敦煌创造一夕餐桌的子

一夕品牌创始人亮子从景德镇出发，将他的品牌带向更远的地方。

*世界音乐：泛指世界各国的民族音乐。

1

2 3

一夕餐桌在户外的餐桌项目得到复制与发展，图为一夕餐桌在岭南古荔枝林（1）、香格里拉松茸开山宴（2）以及昆山锦溪的祝甸窑晚宴（3）。

品牌——鸣沙夜宴。鸣沙夜宴的餐桌都围绕敦煌的鸣沙山来做：选取敦煌在地的食材，以天地为席，用竹丝来构建场景，将现场的动线设计出丝路的感觉。

而项目的起源地——景德镇，也仍会是亮子一直深耕的土地。因为这里具有手工艺优势，景德镇可以为一夕餐桌持续提供餐具，也可以持续为他的项目提供各种工艺品。而三宝的一夕餐厅，在某种程度上承担了会客厅的角色，为他“链接”更多的客人。

“这个城市的旅游业还是有潜力的，我会把一夕餐桌嵌套进旅游里。”亮子仍然对景德镇充满期待。市政府邀请他策划了陶溪川的陶然集，以牵动当地旅游业的发展。他也趁此机会让一夕餐桌在陶然集里成功落地。

三宝村的未来开发战略里也有他的一席之地。亮子计划在三宝的户外落地两个一夕餐桌的固定版，一年四季中，除了冬天以外都对外营业，主要展现景德镇的陶瓷文化。

疫情三年，亮子的出差飞行软件里记录了他 180 趟旅程，他一直冲在前线去落地每个餐桌项目。草原、高原、雪山是什么样的状态，要怎么在餐桌里呈现，这些都需要测试。他试着在每个项目里测试一个单模块，持续完成标准化与产品的打磨。由此，一夕餐桌也从最初的亏损开始慢慢有了更多收入。

亮子认为现在到了让项目进一步扩大的时候。“之前像是在‘试菜’，现在各个条件逐渐成熟，可以出餐了。”亮子说。上海甚至日本都是他想大展拳脚的地方。

如果你受得了景德镇的辣，
这里应该能为你打开不少美食新天地。
但更神奇的是那些你可能
没有想过的"混搭"与"分离"
——明明是两套口味，
脆油条可以与软麻糍粘在一起，
或者
明明一碗牛肉面就很容易完成的美食想象，
却将大骨头与素粉分装成满满两大盘……
被验证口味的小店在小城开心地扩张，
新入者也在摩拳擦掌。
这些美食研究者们，
满足着
土著们的挑剔，
还有你对新目的地的好奇与期待。

在
景德镇
食欲大开

text
/
唐昕怡
王芷笛

photo
/
潘凌
肖南
Fabian Ong

~~~~~~

*本章节门店信息来自大众点评、高德地图。

~~~~~~

抚州弄口油条摊

小吃 壹

text / 王芷笛

photo / 肖南

门店信息

营业时间：周一至周日 7:30—20:30

地址：江西省景德镇市珠山区抚州弄燕子理发店对面

电话：18079324648

每个来景德镇的人都不会忘记这个味道。油条包麻糍是景德镇特有的小吃，酥脆油条包裹着软糯的麻糍，再放在白糖和熟芝麻里滚一滚，不仅口感有由脆到软的变化，还夹杂着咸甜双重风味，是令人感到幸福的碳水炸弹。老板也丝毫不掩饰制作过程，总是大排长龙的食客在一旁顺带观察一番，再顺手接过还带着热气的食物——开吃！

text
/
唐昕怡

photo
/
肖南

谭婆饺子粑

小吃 贰

门店信息

营业时间：周一至周日 6:30—11:30，14:30—17:30

地址：江西省景德镇市珠山区中华南路 168 号

电话：17779885518

饺子粑，又称清明粑，外形和饺子相似，是景德镇人早餐的心头爱。在谭婆饺子粑，本地人必点的两种口味是萝卜丝虾米馅和豆干韭菜馅，晶莹剔透的外皮包裹着鲜香馅料，口感软糯。当然，口味整体偏辣，可以再配上一碗鸡蛋羹或肉饼汤。

text / 唐昕怡

photo / 潘凌

陶姐冷粉

小吃 叁

代表门店信息（有多家门店）

新厂店

营业时间：周一至周日 8:00—20:00

地址：江西省景德镇市珠山区陶阳中路 10 号

（第三人民医院东北侧约 50 米）

电话：15079855942

冷粉不是凉拌粉，吃在嘴里其实是“热粉”。粉的粗度和乌冬面差不多，看起来一小碗，却特别顶饱。陶姐冷粉算是景德镇最有名的冷粉店之一，粉在锅里烫过后变得柔嫩绵滑，与配料加在一起拌匀，里面有辣椒、咸菜、花生、榨菜，挂在粉上形成丰富的层次感。其中橘子皮是点睛之笔，解腻解辣，亦是佐冷粉之佳物。

肆 小吃

樊老头樊氏正宗牛骨粉

在景德镇攻略美食，很难错过牛骨粉这个关键词。樊老头樊式牛骨粉是景德镇大量牛骨粉店中颇受好评的一家。售价 19 元的牛骨粉，端上来是诚意满满的两碗食材：一碗素粉加一碗牛骨。经过长时间炖煮，牛骨四周的肉已十分入味，香气四溢。而素粉本身较为清淡，能吃辣的话，也可以倒入牛骨的汤汁，增加汤底口味的丰富度。补充一个冷知识——在景德镇遍地开花的牛骨粉，其实并不起源于此，而是来自附近的鹰潭。

text / 王芷笛

photo / 肖南

代表门店信息（有多家门店）

七小抚州弄店

营业时间：周一至周日 8:00—22:00

地址：江西省景德镇市珠山区珠山中路工商银行南 80 米路西

电话：18079816905

伍 正餐 鑫鸿家宴

text

/

唐昕怡

photo

/

潘凌

鑫鸿家宴餐厅在一幢不起眼的居民住宅楼内，店内三层全是包厢，店家把手写的菜单价目挂在墙上，是一家标准的家庭私房菜餐厅。价格人均过百，小煎小炒，全靠辣椒提味。桌桌必点的一道，碗内堆满青红辣椒和大蒜的酒糟牛肉，酒糟给牛肉增添了一丝甜味，更别提牛肉、辣椒与米饭合拌在一碗时那股绝配的香脆鲜美之味——就算只点这一道菜也值得来！除了几道辣菜，鳗鱼汤也是人气之选，无论是汤头还是鳗鱼，还未入口，通过观感就已知它的鲜美度，且等热热地喝完，舒服暖胃。在这碗鳗鱼汤面前，似乎南方阴冷潮湿的冬季也没那么难熬了。

门店信息

营业时间：周一至周日 9:00—21:00

地址：江西省景德镇市浮梁县

红塔路吾土吾香家庭厨房东南 70 米

电话：13677987177（需提前电话订位）

八度厨房 正餐 陆

text
/
唐昕怡

photo
/
潘凌

代表门店信息（有多家门店）

广场店

营业时间：周一至周日

11:00—14:00，16:30—21:00

地址：江西省景德镇市

珠山区地王大厦东南 57 号

电话：（0798）8587099 13979879707

作为一家农家菜餐厅，八度厨房的顾客以本地家庭居多，店内是中式仿古装修风格，食客熙熙攘攘，点菜、说话基本靠“喊”，但架不住上菜速度快和菜品分量大。小炒黄牛肉是其特色菜之一，肉很碎，辣度适中且下饭。另外，金牌酱板鸭和京酱肉丝分别带点甜辣和咸辣的口味，正好可以重置一下味蕾。这家店有着深厚的赣菜底子又处处能看到一些京菜、浙菜等其他菜系的元素，让老菜也能吃出新感觉。

text
/
唐昕怡

photo
/
肖南

回家吃饭

正餐 柒

这家餐厅与寻味三宝、野炉子餐厅同属景德镇善合餐饮公司，算是社交网络上的网红餐厅，口味也都还不错，是一家"永远要排队"的餐厅。招牌菜都昌豆冲炖鱼头最大的亮点在豆冲，吃起来感觉是油面筋加油豆腐的结合体，豆泡浸满了汤汁，再加上一点辣椒提味，适合泡米饭吃。还有几道特色菜值得品尝：家里土椒烧牛蛙、下饭的家里辣椒炒肉以及黄豆焖茄子等等。菜如其名，每道菜都很有"家里的味道"，将对食物的要求放在它的本质——下饭，它们就像从老爸老妈厨房里端出来的一样，也许算不上多好看，却总能让你狼吞虎咽，百吃不厌。

代表门店信息（有多家门店）

浙江路店

营业时间：周一至周日

11:00—14:00，17:00—20:30

地址：江西省景德镇市珠山区浙江路大江新城6号楼

电话：（0798）8209000

南河鲜 正餐 捌

门店信息

营业时间：周一至周日 9:30—21:00

地址：江西省景德镇市珠山区岚山路湖田村 69 号

电话：（0798）8487077

text
/
王芷笛

photo
/
肖南

南河鲜是个隐藏在景德镇南河边平房里的农家乐餐厅，以各类河鲜为主营特色，当日所有食材都陈列在冰柜里，食客们只须挑选食材及制作方法即可。最令人惊喜的是，南河鲜并不使用复杂的调味，反而保留了食物原本的鲜味。卤水桂鱼肉质紧实、肥嫩细腻，剩下的鱼汤拿来拌饭也是绝配；炒河虾的虾预先油炸过，外壳已经酥脆，里面的肉却还很嫩，就着汤汁一口一个，是不用吐壳的快乐。此外，老板娘自制的炝鸭，毫无腥味且不干柴，酱香十足又带一点辣味，也是道值得一试的特色菜。

细哥排档私房菜

正餐

玖

text / 王芷笛

photo / 肖南

门店信息

营业时间：

周一至周日

17:30—2:30

地址：

江西省景德镇市

珠山区浙江路中厦

金都城 7—8 号

电话：13307983225

细哥开在热闹的浙江路上，和左右邻居们一齐构建着属于景德镇的大排档文化——热闹、惬意的市井氛围和必不可少的重口调味。虽然店里装修朴素，但菜品选择很丰富，味道也毫不逊色。秘制油淋花甲的诀窍是在炒制完成后撒辣椒、韭菜，再淋一遍滚烫热油，便瞬间激发出花甲的多重可能，不仅有原本的鲜辣，还多了热油浇注而得来的香气，一口爆汁。蒜香蟹脚的蟹壳不硬，不必担心费牙，内里蟹肉饱满，丝丝分明，香辣中略带甜味，让人忍不住想要多吸几口外壳挂住的汤汁。此时再点上两瓶啤酒，嗯，大排档的精髓到位了。

© 肖南

© 肖南

© 肖南

© 肖南

蓝莓餐厅

正餐

拾

门店信息

营业时间：周一至周日 9:30—14:00，16:30—21:00

地址：江西省景德镇市珠山区胜利路 63 号

电话：（0798）8282799

© Fabian Ong

text
/
王芷笛

photo
/
肖南
Fabian Ong

蓝莓餐厅开在建国瓷厂文化创意园的一幢楼里，入口并不显眼，需要多留心看路。在这里，你找不到景德镇家家拿手的辣椒炒肉，但有不少自家的特色菜：牛肝菌炒腊味，余干椒将牛肝菌的香味充分激发，结合腊肉的油脂、咸味和余干椒的辛辣，滋味满满。手抓羊肉一肉两吃，不仅上层的肉没有任何的羊膻味，而且底下的羊肉汤撒上一把白胡椒，也非常鲜甜可口。清蒸白鱼则一反景德镇的惯常调味——油、辣、咸，以白鱼为唯一主角，只使用葱花、酱油等少量佐料，再加上刚刚好的蒸制时间，鱼肉的鲜美、软嫩就全都有了。

这就结束？

还没有。

再看一眼，

景德镇！

【碎瓷片】

"土著"说，
他们小时候
可以翻进各种土堆里
看到这些历史碎片。
如今才发现，
这些看似无用的瓷片上，
留有生动的花鸟虫鱼。

© 潘凌

© 肖南

【手】

在景德镇，

你会不自觉

将目光集中在

工匠 / 创作者的手上。

它们创造了万物。

【小卖部】

你得会淘货。
每个做陶瓷的人都会找到
适合自己的各种材料的供应商。
材料的载体那么“野生”，
但那是万千想象的起点。

© Fabian Ong

ⓟ 潘凌

【街道】

现代的景德镇
和我们记忆中的各种城市
又总有重合之处。
那里有童年的记忆，
有落在地球
另一个角落的乡愁。

© Fabian Ong

【市井】

我们终究
会选择一个地方住下来，
看家人们
向我们缓缓走来。